사드, 그 이후의 한류

한류 정치경제론

사드, 그 이후의 한류

KOFICE

목차

프롤로그
사드 그 이후, 대한민국 한류의 길을 묻다 6

제1부 한류와 문화산업 정책
- 한류 20년, 문화산업 정책 _수출 지원과 문화교류를 중심으로 18
- 사드, 그 이후 한류 정책에 대한 몇 가지 생각 44

제2부 사드를 둘러싼 문화 전쟁
- 외교갈등의 볼모가 된 한류 56
   한류 핵심 소비 시장 _일본과 중국 57
   압도적인 중국 문화산업 규모 _거대 자본의 득과 실 63
   중국의 한한령 _합작도 인력진출도 해답은 아니었다 69
      _이 또한 지나가리라 vs 기다리다가 지친다 76
   자국문화 보호정책의 확대 _자생적 한류 수요는 안전한가? 78

- 사드 이슈에 대한 엇갈린 입장과 언론보도 83
   부풀리기 식 한류 보도 행태 _한국 언론이 문제를 키운다? 84
      _정작 중국에서 공식화된 것은 없다 89
   중국의 이율배반적 대응 전략 _금지를 부인하는 정부와 밀어붙이는 업계 93
   한국 정부의 '전략적 모호성'과 언론의 역할 101

- 정치·외교 이슈와 한류 간의 역학관계 105

    한류의 국가 브랜드화 106

    문화의 산업화와 융합한류 패러다임 115

    융합한류 시대 _한류의 범위는 어디까지인가? 131

    _K 접두사만 붙이면 만사형통? 135

    경제적 가치 창출에 몰두하는 한류 산업 _한류 가치의 상업화에 대한 반성 141

    _한류의 경제적 가치와 측정 방법 144

- 위기의 'K담론'과 지속가능한 한류를 위한 제언 153

    지금 한류는 위기인가? _아니면 기회인가? 154

    미래 한류에 대한 담론 162

    1) 신입직 흐름의 사원 163

    한류의 '탈국적화' _순혈주의 한류로부터 '졸업' | 한류 리포지셔닝과 서브브랜드 개발

    2) 한류 창작 모델의 차원 186

    실리콘밸리 모델 | 영국과 미국 모델 | 스위스 모델 | 창의적 IP 육성 | 4차 산업혁명 _변화된 미디어 환경에 적합한 미래 한류 콘텐츠 육성

    3) 사회 흐름의 차원 208

    결국은 쌍방향 교류다 | 지한파 유학생 육성·관리 _콘텐츠도 결국 '사람'이 중심 | 쌍방향 교류를 위한 정부 역할의 재조정 | 민간이 자생적으로 활동할 수 있는 기반 조성이 중요 | 그 외 정부 지원에 대한 미시적 접근 _구체적인 정책믹스

KOFICE 간행물 _ 236

엮고 쓰다 _ 238

● 프롤로그

사드 그 이후,
대한민국 한류의 길을 묻다

한류의 역사, 위기와 기회의 동거同居

1989년, 시네하우스 등 서울 시내 극장 몇몇 곳에 뱀이 풀린 사건이 있었다. 뱀뿐만이 아니었다. 그땐 화염병, 최루탄 등도 종종 극장에 출몰했었다. 바로 미국 영화 직배와 상영에 대한 우려와 불만 때문이었다. 이를 계기로 등장한 '스크린 쿼터제', 즉 '한국 영화 의무상영제'는 취약한 국내 영화산업 보호를 위해 일 년 중 146일 이상 한국 영화를 의무적으로 상영해야 함을 법률로 강제하는 제도였다. 지금은 낯설게 느껴지겠지만, 이를 위해 당시 많은 영화인들이 결연히 머리띠를 두르고 거리로 나와 삭발을 하고 혈서를 썼던 기억이 아직까지도 생생하다. 그 후 이런저런 논란 끝에 이 스크린 쿼터제는 결국 사라졌다. 우리가 그토록 우려했던 재앙은 오히려 개방을 통한 경쟁력 강화라는 결실을 맺었다. 콧대 높은 미국 할리우드 조차 한국 영화시장은 난공불락이라는 엄살을 피우게 만들었다.

20세기 말에 진행된 일본 대중문화 개방 때에도 마찬가지였다. 당시 한·일 양국의 해묵은 민족사적 감정 문제까지 개입되었던, 더 복잡한 사안이었지만 결국 개방은 이뤄졌다. 유림들까지 거리에 나서 시위를 벌이며 우려하던 왜색문화의 침략은 결과적으로 보면 기우였고, 오히려 역으로 〈겨울연가〉를 필두로 일본 내 한류의 폭발적 성장을 이뤄내는 계기가 되었다. 이제 와서 누가 일본 대중문화의 개방이 우리 정신에 대한 문화적 식민 침탈이라며 난리치던 당시 상황을 기억이나 할까. 불과 10여 년 전 일인데 말이다. 이처럼 우리에게 문화 개방과 경쟁은 늘 위기인 동시에 기회였다.

지금 사드 배치에 대한 후폭풍으로 한류가 커다란 위기를 맞은 듯하다. 미·중 패권경쟁 과정에서 중국이 사드 배치 결정을 계기로 안보 리스크를 경제 리스크, 나아가 문화전쟁으로 전환시켜 우리에게 어려운 선택을 강요하고 있기 때문이다. 중국 내 한류 콘텐츠 방송에 대한 규제와 금지가 비공식석으로 시행됐다는 소문이 들려오더니 곧이어 공공연한 현실이 되었다. 수년 전부터 중국은 단순히 한류 콘텐츠의 소비 시장에 머물지 않고, 엄청난 규모의 차이나머니를 앞세워 우리의 방송 포맷을 수입했다. 또 유명 프로듀서와 작가를 입도선매해 공동제작과 사전제작을 통해 콘텐츠 생산 노하우를 자국화하려 했다. 나아가 단순 투자를 넘어 공격적인 인수합병을 통해 플랫폼 자체를 그들의 수중에 넣기에 이르렀다. 우리가 미국과 일본의 대중문화를 받아들여 지금의 경쟁력을 갖추었듯, 한류 콘텐츠 시장을 매개로 자신들의 콘텐츠 경쟁력을 제고하고자 한 중국의 집념은 가히 두려울 정도였다.

그런 그들이 사드라는 정치·외교적 이슈 발생을 기점으로 태도를 완전히 바꾸고 있다. 사드는 표면적 이슈일 뿐 그 이면을 들여다보면, 중국이 한류를 곧 '동아시아 문화 패권'에 대한 위협으로 보고 있기에 사드를 내세워 이를 제지하고 있다는 해석까지 들려온다. 거침없을 것 같던 드라마 '태후 신드롬' 이후 불과 몇 개월 만에 불어닥친 지금의 중국발 한파는 중국으로의 문화 수출이 정치바람과 '당국의 입김'에 얼마나 쉽게 휘둘릴 수 있는지에 대한 근원적 회의를 갖게 하는 계기가 되었다. 한국 문화상품의 수출·판매를 중국시장에만 의존할 수는 없지만, 그렇다고 거대한 중국시장을 버릴 수도 없기에 우리의 고민은 더욱 깊어진다.

2017년 한류, 길을 잃다

한반도 사드 배치를 놓고 취해진 중국의 '한한령' 때문에 우리 문화산업계가 몸살을 앓고 있다. 최근 정부의 '한한령 피해 실태조사'에 따르면, 관련업체의 35.3%가 직접적인 손해를 입었고, 63.6%가 '부정적인 분위기를 실제로 체감한다'고 답했다. 지나치게 중국시장에 편중되었던 '최근 한류'가 길을 잃고 위기에 직면한 것이다.

대표적인 한류 수출주로 지목됐던 CJ를 비롯한 SM·YG·JYP의 주가 하락은 지난해 7월 초 정부가 사드의 국내 배치를 공식화한 이후 일제히 떨어지기 시작해 동기 대비 30% 이상 하락했다. 여기에 중국 정부가 위성TV, 인터넷방송 등에서 한국 드라마와 영화, 예능 등의 방영을 중단시키기로 결정하면서 이들 기업의 주가는 반등은커녕 하락폭을 더욱 키워가는 양상이다. 유령처럼 소문으로만 쉬쉬하던 한한령이 TV방송을 시작으로 온라인까지 확장되면서, 실존하는 공포 그 자체가 되어버린 것이다. 최근 유쿠, 아이치이 등 중국 동영상 공유사이트에서는 한국 프로그램의 신규 업로드가 중단됐고, 예능 프로그램은 지난해 방영분까지만 볼 수 있을 뿐 2017년 방영분은 아예 접속조차 되지 않는다.

문제는 사드와 한한령의 영향이 콘텐츠 산업에만 국한되지 않는다는 점이다. 오히려 한류에 기반을 둔 서비스·유통업 등으로 전방위적 확산이 두드러져, 그 공포의 깊이를 헤아릴 수 없을 지경이다. 무엇보다 그동안 한류의 가장 큰 수혜업종으로 꼽혔던 화장품 산업과 면세점업계에 드리워진 그늘이 유난히 짙다. 뷰티 한류의 선봉장이라 할 수 있는 아모레퍼시픽의 경우 2017년 1분기 영업이익이 전년 동기 대비 10% 감소했고, 롯데와 신라 등 면세점의 매출은 전년 동기 대비 40%나 줄어들었다. 이 같은 충격적인 결과는 사드 보복이 본격 반영되는 2분기 이후 더 암담할 것으로 보인다.

현대경제연구원2017의 분석에 따르면, 사드 경제 보복으로 인한 경제적 피해규모가 우리 경제의 명목 GDP 약 0.5%에 달하는 8조 5천억 원에 이를 것으로 나타났다. 부문별 피해규모는 관광7조 1천억 원, 수출1조 4천억 원, 문화·콘텐츠8억 원 순이다. 특히 관광분야에서 보다 직접적인 타격이 예상되는데, 한국 또는 중국을 찾는 관광객 수가 전년 대비 20~40%가량 줄어든다고 가정했을 때 한국의 관광손실이 중국보다 약 7배가량 더 큰 것으로 나타났다. 실제 한국관광공사 통계에 따르면, 2017년 2월 중국 정부가 '한국여행 금지령'을 공표한 이후 3월에 전년 동기 대비 40% 가까이 중국인 방문객 수가 줄어들었고, 금지령이 본격 발동한 3월 16일부터 4월 9일까지 무려 64%나 감소한 것으로 나타나 우려가 현실화 되었다.

한편 사드로 인한 문화콘텐츠 기업의 타격은 정부 자료를 통해 구체적으로 확인 된다. 중국사업 피해신고센터가 설치된 2017년 3월 16일부터 4월 15일까지 한 달 동안 접수된 피해 사례만 총 31건에 달한다. 피해 유형은 사업계약 중단·파기13건, 제작 중단5건, 투자 중단4건, 행사 지연·취소3건, 기타6건 등의 형태로 나타났으며, 장르는 방송, 게임, 음악 할 것 없이 전방위적이다. 이처럼 신고된 사례는 그나마 일부일 뿐, 실제 피해로 인한 기업들의 속앓이는 더욱 심각하다는 것이 업계의 중론이다.

한한령 피해 사례

분야	구체적 피해 사례
음악	·한류스타 팬미팅 및 K-POP 공연(EXO, 와썹 등) 취소 및 연기 ·中 3대 음원 유통 사이트 '왕이뮤직' 내 K-POP 차트 삭제(17. 03. 02)
방송	·한류스타 中 출연 방송분 통편집(황치열, 싸이 등) ·中 드라마 내 한국 배우 배역, 중국인으로 돌연 교체 ·SBS 드라마 <사임당, 빛의 일기> 한·중 동시방영 심의 지연 ·KBS 드라마 <화랑> 중국심의 통과 및 한·중 동시방영 확정(16. 11. 16) 이후 돌연 동시방영 중단(16. 12. 27) ·中 정부, 한류 인기 예능 프로그램 최신작 서비스 금지 하달 ·온라인 동영상 플랫폼 내 한국 예능 및 불법유통 한국 드라마 <도깨비> 삭제(17. 02. 24)
영화	·한·중 합작영화 개봉 연기 및 제작 중단
게임	·中 정부, 한국 게임 신규 판호 금지 하달(17. 03. 03) 후 중국 광전총국이 발급한 외자 판호 중 한국산 게임 신규 판호 없음
순수 예술 공연	·조수미, 백건우 中 공연 취소 ·국립발레단 김지영 中 공연 불발 ·이용백 작가 <아트베이징 2017> 출품 취소(17. 03. 17) ·뮤지컬 <지킬앤하이드> 월드투어 中 공연 무산(17. 03. 22)

이렇게 우리의 2017년 한류는 매우 힘들고 고단하다. 지금 시점에서 한한령의 지속 여부와 한류의 미래를 예측하기란, 가시덤불 속을 헤치며 희망을 외치는 격이다. 그러나 앞서 살펴보았던 것처럼 우리의 한류와 문화산업은 역사적으로 가장 어두운 곳에서도 희망을 찾아왔다. 바닥을 칠 때에도 미래를 상상하는 것을 멈추지 않았고, 혹독한 위기 속에서 웅전의 몸부림을 처오지 않았는가.

이제 다시 기본으로 돌아가 해결의 실마리를 찾아야 한다. 그동안 한한령에 대해서 정부는 근거 없는 낙관론과 소위 '전략적 모호성'에만 의지한 체 짐짓 눈감고 있었던 건 아닌지, 시장과 업계 또한 그동안 한류의 단물에 취해 혁신에 안이했던 것은 아닌지 되물어보아야 한다. 사드와 한한령은 물론 조석으로 상황이 달라지는 콘텐츠 산업의 기술적 진보와 팬심의 변화에 대해 대책 마련은 충분했었는지, 그동안 우리 대응의 적절성에 대해 이 기회에 꼼꼼하게 살펴보아야 할 것이다.

이에 우리는 '사드와 한한령이 무엇인가'에서부터 시작해 이 둘 사이에 정말 추측을 넘는 명증한 인과관계가 존재하는지, 그리고 '사드 리스크로 불거진 한류의 위기 문제를 그냥 잠자코 받아들여야 하는 것인가'라는 커다란 물음을 갖고, 그 대답을 찾고자 짧지 않은 여정에 돌입했다.

이 책 『사드, 그 이후의 한류』는 한국문화산업교류재단이 2016년 9월부터 2017년 4월까지 추진한 프로젝트의 결과물로, 그동안 단편적인 기사나 소문으로만 뜨문뜨문 접했던 사드 이슈와 한한령 그리고 한류 산업에 드리워진 헐거운 프레임을 뜯어내자는 나름 분명한 지향점을 갖고 있다. 아울러 사드를 넘어 앞으로 다가올 '4차 산업혁명'을 마주하면서 미래 한류가 당면하고 있는 다양한 리스크의 형성 과정에 대한 면밀한 관찰과 이를 해소할 단초를 찾는 데 방점을 둔 프로젝트이다.

대한민국 최고의 산·학·연 한류 전문가들이 뭉치다

우리 재단은 말도, 탈도 많은 한류를 둘러싼 여러 이슈들을 종합적으로 분석하고자, 2016년 9월부터 2회의 소간담회와 1회의 세미나를 진행하기 위한 준비에 들어갔다. 사드와 한한령이라는 주제가 그 당시에도 그랬지만, 여전히 지금도 '뜨거운 감자'여서, 지나치게 특정 피해 사례나 일부 현상에 천착해 대책 없이 공허한 실랑이만 오가는 것을 방지하고자 질문 구성에 심혈을 기울였다. 예를 들어 사드라는 정치·외교적 이슈가 한류 산업에 미치는 영향력을 묻되, 현 상황이 발생된 근본적인 원인들을 되짚고자 한류의 출발 지점부터 산업으로서의 다양한 가치 그리고 경제적 효과 측정과 융합 한류로의 변모 등 다양한 이슈들을 종과 횡으로 아우르며 질문의 카테고리를 여러 개 구성했다.

그러나 이처럼 복잡하고 중층적인 질문들에 속 시원하게 답해줄 전문가들의 리스트를 뽑고 선정하는 것 또한 쉽지 않은 작업이었다. 해당 이슈에 대한 체계적인 분석과 대안을 제시하되, 실제 현장의 목소리도 생생히 들려줘야 하기에 산업-학계-연구 분야로 각각 구분해 주제에 가장 적합하다고 여겨지는 최고의 전문가들로 구성을 마쳤다.

그 결과, 산업 분야에서는 음악·드라마 관련업계 사정에 정통한 CJ E&M 안석준 대표와 FNC엔터테인먼트 정명훈 부대표, 시그널엔터테인먼트의 윤현보 부사장이 참여했고, 언론·방송계에선 《헤럴드경제》 서병기 기자, 《머니투데이》 전형화 기자, KBS월드 배기형 PD 등 6인이 참여했다. 학계에서는 성신여대 심상민 교수, 가톨릭대 임학순 교수, 홍익대 고정민 교수, 강원대 유승호 교수, 성균관대 장병희 교수, 한양대 김정수 교수, 세명대 문효진 교수 등 7인이 선정되었다. 마지막으로 연구 분야에서는 KT경제경영연구소 이성춘 상무, 한국문화관광연구원 채지영 연구위원, 한국수출입은행 해외경제연구소 김윤지 연구위원 등 3인이 참여하면서, 총 16인의 전문가위원단의 구성을 완료했다. 이후 비공식적인 개별 토의 과정을 제외하고도 총 3회에 걸쳐 상기 산·학·연 전문가들이 모인 공식 집담회 集談會가 진행되었다.

먼저 2016년 11월 23일과 24일, 심상민 교수를 좌장으로 소간담회가 두 차례 진행되었다. 23일에는 심상민 교수좌장, 임학순 교수, 유승호 교수, 이성춘 상무, 윤현보 부사장, 정명훈 부대표, 전형화 기자가 참여했고, 24일에는 심상민 교수좌장, 고정민 교수, 장병희 교수, 김윤지 연구위원, 채지영 연구위원, 서병기 기자, 배기형 PD가 참여했다. 그리고 2016년 12월 15일에는 한국문화산업교류재단의 곽영진 이사장을 좌장으로 한 공식 세미나 '위기론을 넘어 지속가능한 한류를 위해'가 진행되었다. 위 세미나에는 심상민 교수, 김정수 교수, 안석준 대표, 윤현보 부사장, 서병기 기자, 전형화 기자 등이 토론자로 참여해, 앞서 소간담회에서 나눴던 내용을 기반으로 보다 심도 깊은 논의를 나눴다. 아울러 '포스트 한류, 비욘드 아시아'를 주제로 김윤지 연구위원, 성균관대 민지은 교수, 경희대 이만열 교수, 레진더리 엔터테인먼트 어일경 이사 등이 참여해 열띤 토론을 벌였다.

책의 구성과 의미 그리고 감사의 말

무엇보다 첫 번째 당면 과제는 세 차례 공식 집담회를 통해 나온 내용을 대화록의 형태로 정리하는 것이었다. 하지만 각각의 간담회 내용을 주제별로 분류하고, 생생한 현장의 이야기를 잘 정리된 하나의 스토리로 묶어 단행본으로 구성하는 것은 생각보다 쉽지 않은 작업이었다. 결과적으로 '문제의 시작 - 확산 - 근원 - 제언'이라는 네 개의 큰 카테고리 하에 구성을 마쳤다.

먼저 사드라는 정치·외교적 이슈가 발생하기 이전, 한류의 시작점이자 주요 소비시장으로 꼽히는 일본과 중국에서의 한류 생성 및 소비 패턴을 비교 분석하면서, 중국발 한한령의 발생·진행 과정을 차분히 되짚어보았다. 그리고 한한령에 대한 국내 언론사들의 자극적이고 신뢰할 수 없는 부풀리기 식 보도가 양산한 부정적 여파와 함께, 중국의 이율배반적 태도 및 대응 간의 간극을 확인했다. 아울러 보다 거시적 관점에서 '정치·외교적 이슈가 왜 한류에 영향을 미치게 되었는가?'라는 근본적인 물음의 답을 찾아가는 과정에서 한류의 국가 브랜드화 문제, 융합한류 패러다임 도래에 따른 한류 산업의 확장, 경제적 효용가치에 대한 계량적·비계량적 측정이 가지는 의미 등 파생 이슈를 점검하며 구체적으로 논의를 이어갔다. 마지막 장에서는 앞서 나온 문제의 지점을 발전적으로 해소하고 더 나아가 지속가능한 한류를 위해 '국가로부터 독립된, 시장주의 한류로의 전환', '4차 산업혁명이라는 새로운 미디어 환경에 적합한 한류 창작 모델의 개발', '일방향적으로 제공되었던 한류에 대한 반성과 쌍방향 교류의 중요성' 등 크게 세 가지 차원에서 미래 한류 담론을 구성했다.

한편, 이런 일련의 집담회 내용과 별도로 한국문화관광연구원의 김규찬 연구위원과 서울대 홍석경 교수의 참여로 지난 20여 년간 한류 산업의 희로애락에 유의미한 영향을 미친 정부의 각종 정책들의 역할과 한계점을 냉정히 되짚어보는 등 차기 정부에서의 한류 정책 프레임 및 방향 설정에 있어 선제적 길잡이가 되고자 논의 영역을 확장해 보았다. 무한연결과 지능융합으로 상징되는 4차 산업혁명 시대에 한류를 둘러싼 새로운 정책 믹스Policy Mix의 도출은 이제 더 이상 선택적이지 않기 때문이다.

사드라는 정치·외교적 이슈로 촉발된 한·중 문화전쟁은 이미 시작되었다. 특히 한류 산업은 이 전쟁의 최대 피해자이자, 최고의 문제 해결자라 할 수 있다. 중요한 점은 처음엔 눈에도 보이지 않던 것이 어느새 살갗을 찌르는 날카로운 창이 되고 있다는 것이다. 창에 찔려 소생 불가능한 만신창이가 될 것인지, 아니면 그 창을 무디게 만드는 단단하고 새로운 방패를 만들어낼지는 결국 우리의 자세와 대처에 달렸다고 본다. 한류는 그 시작 이후, 어제도 오늘도 늘 위기였다. 그러나 우리는 보란 듯이 늘 "그 어려운 걸 또 해냈지 않았는가".

이 책에 담긴 다양하고 생생한 현장의 이야기와 쓴 소리에 귀 기울여 유능한 대안들을 고민해 엮어낸다면, 사드 이후 한류에 드리워진 어두컴컴한 긴 터널 또한 능히 벗어날 수 있다고 확신한다. 무엇보다 터널 안이든 밖이든, 그리고 과거에도 지금도 수많은 대한민국 문화산업 역군들은 혁신적인 '한류 메이커스'로서 묵묵히 무쇠 방패를 만들어낼 것이기 때문이다. 또한 이들이 빛나는 대한민국 한류의 미래를 멋들어지게 그려낼 것임을 추호도 의심치 않는다.

끝으로, 이 책의 출간을 위해 힘써주신 스무 명에 달하는 한류 관련 산·학·연 전문가 그리고 우리 재단 연구진 모두에게 감사를 전한다. 또 단행본 디자인 및 제작에 큰 도움을 주신 화인페이퍼에도 각별한 고마움을 표한다.

2017년 5월
한국문화산업교류재단 사무국장 김덕중

제1부

한류와 문화산업 정책

사드, 그 이후의 한류

한류 20년, 문화산업 정책

수출 지원과 문화교류를 중심으로
김규찬(한국문화관광연구원 콘텐츠산업경제연구센터 부연구위원)

한류와 문화산업 개념

개념적 복잡성과 다층위성에 대하여

이 글은 지난 20여 년간의 한류 현상을 문화산업 정책의 관점에서 조망하는 데 그 목적을 둔다.

이제는 한류와 문화산업이란 용어를 사용할 때 연원이나 개념에 대한 별도의 설명이 더 이상 필요치 않게 되었다. 어느새 이 두 용어는 정책 현장은 물론 일상에서도 흔히 접하는 용어가 되었기 때문이다. 하지만 익숙함과 친숙함이 개념의 온전한 이해를 보장하지는 않는다. 국립국어원의 표준국어대사전에서는 '한류'를 "우리나라 대중문화 요소가 외국에서 유행하는 현상"으로 정의한다. 매우 국어사전다운 정의지만 말 그대로 사전적 정의다. 누군가는 한류의 요소를 '대중문화'에 국한하는 것에 동의하지 않을 테고, 또 누군가는 '유행하는 현상'이란 단순 결과물에 만족하지 않을 수 있다. 실제로 한류는 전통과 예술을 포함한 한국 고유의 문화 자산이 해외에 널리 알려짐을 뜻하기도 하고, 단지 유행하는 정도를 넘어 산업적 가치, 경제적 성과의 창출까지 희망하기 때문이다.

문화산업 또한 마찬가지다. 관련법에서는 '문화산업'을 "문화상품의 기획, 개발, 제작, 유통, 소비 등과 이에 관련된 서비스를 하는 산업"으로 정의하며, 영화·비디오, 음악·게임, 출판·인쇄·정기간행물, 방송영상물, 만화·캐릭터·애니메이션·에듀테인먼트·모바일문화콘텐츠·디자인·

광고·공연·미술품·공예품과 관련된 산업을 예로 든다.• 이처럼 다양한 장르와 기능이 문화산업 정책의 대상이지만, 누군가는 방송과 음악을, 누군가는 게임과 캐릭터를 우선으로 생각한다. 또 누군가는 문화와 창작자를 중심에 두지만, 또 누군가는 산업과 시장을 본질적 요소로 본다.

이처럼 한류와 문화산업이란 개념은 다양한 요소와 복잡한 층위로 구성되어 있다. 결론부터 말하자면 이러한 복잡성과 다층위성은 지난 20년간 한류 현상에 대한 사회적 인식과 정책의 결과물이다. 프랑스에서 〈아리랑〉을 연주하는 것과 〈강남스타일〉 공연을 하는 것은 다른 현상이다. 중국인이 〈별에서 온 그대〉를 시청하는 것과 〈리니지〉를 하는 것 또한 다른 현상이다. 하지만 이들은 모두 '해외에 알려진 우리 것'이므로 한류로 통칭된다. 어떤 것은 정책의 결과물이지만 또 어떤 것은 정책적 활용 대상이다. 한류 현상에 대한 다양한 인식과 해석을 정부 정책과 더불어 시계열로 정리하는 행위가 곧 한류정책사의 기술인 셈이다.

이 글에서는 한류를 크게 문화적 차원과 산업적 차원으로 구분한다. 문화적 차원은 앞서 언급한 전통과 예술을 포함하는 한국의 고유문화가 해외에 알려지는 것을 의미하고, 산업적 차원은 해외에서 한국 대중문화의 인기로 경제적 이익이 창출되는 현상을 의미한다. 자연스럽게 전자는 국제문화교류, 후자는 콘텐츠 해외 수출과 연관된다. 문화산업 정책의 목적 또한 '국민의 문화적 삶의 질 향상'과 '국민 경제의 발전' 두 가지를 추구한다는 점에서• 한류의 두 차원과 대응하는 면이 있다.

더불어 한류 정책의 기점을 1994년으로 설정하고자 한다. 초기 한류

• 문화산업진흥기본법 제2조(정의)
• 문화산업진흥기본법 제1조(목적)

현상, 즉 동아시아에서 한국 대중문화의 인기는 1990년대 후반에 등장하는데, 이는 1992년 한중 수교와 1998년 일본 대중문화 개방이라는 제도적 요인이 있었기에 가능했다. 1994년 당시 문화체육부 내 문화산업국이 설치되면서 문화산업 정책이 공식화되었고, 한류 정책이라 이름 붙일 수 있는 다양한 사업이 본격 등장했다는 점에서 한류 정책의 기점으로 볼 수 있다.●

한류 정책의 필요성과 기본 방향

문화산업 정책으로서 한류 정책은 크게 해외 진출을 통한 수출 증대와 문화적 영향력 확대라는 두 가지 목표를 지향한다. 물론 이 두 목표는 공존할 수 있고 상호 연계되어야 하지만, 정책 현장에서는 다소 구분되는 측면이 있다. 한류가 유지되고 확대되기 위해서는 개별 기업의 노력만으로는 부족하다. 적절한 정보 제공과 위험성을 감수한 투자 성과는 국가적 효용으로 환원되므로 한류를 정책 대상으로 삼는 데 있어 정당성이 부여된다.

● 물론 그 이전에도 간헐적 한류 현상은 존재했다. 1950년대 미국 라스베이거스 무대에 섰던 김시스터즈가 대표적 사례이다. 하지만 이는 정부 정책과는 무관했고, 하나의 흐름이 아닌 개별적 진출이었다는 점에서 오늘날의 한류와 동일 선상에 두기는 어렵다. 더불어 1983년 발표된 '제5차 경제사회발전 5개년 수정계획' 문화 부문 정책 기조 중 하나로 '문화예술 국제교류 확대'가 있었고, 1990년 발표된 '문화발전 10개년 계획'에 '국제문화교류 증진'을 정책목표 가운데 하나로 두었다. 개념적으로 문화적 차원의 한류 정책으로 볼 여지도 분명히 있으나, 이들 정책은 어떤 독창적 문화 창작물이 아닌 민족문화의 소개 자체를 목적으로 했다는 점에서 이 글이 다루고자 하는 정책 현상과는 거리가 있다.

1) 콘텐츠 수출 지원정책

한류 정책의 산업적 목표 실현을 위해서는 콘텐츠 수출을 통한 시장 확대가 필요하다. 수출은 한류의 지속과 성장을 뒷받침하는 기초 동력이기 때문이다. 지난 수년간 우리나라는 유럽연합, 미국, 중국 등 문화산업 강국과의 자유무역협정을 연이어 체결하면서 문화산업 분야의 시장 개방 압력도 점차 강화되는 추세이다. 콘텐츠 시장 개방이 위협이 아닌 기회가 되기 위해서는 무엇보다 우리의 문화산업 역량을 키워야 하며, 정부의 치밀하면서도 체계적인 수출 지원정책이 요구된다.

지금까지 콘텐츠 수출 지원정책은 수출 과정에서 필요한 자원 확보와 수출 확대를 위한 여건 조성을 목표로 삼아 왔다. 콘텐츠 수출은 크게 진출 모색, 시장 분석, 기획/제작, 마케팅/홍보, 배급/유통의 다섯 단계로 나눌 수 있고, 연도별 문화산업 및 콘텐츠산업백서를 참조하여 각각에 해당하는 주요 사업을 재배치해 보면 다음과 같다.●

● 정부의 수출 지원정책은 다음 문헌의 구분을 참조하여 재구성했다. 채지영(2014)은 문화관광체육부의 수출 지원정책을 ①마케팅, ②수출 관련 상담 및 자문, ③현지화 지원사업, ④해외 투자 유치, ⑤국제 통상 및 협약 지원사업, ⑥국제교류 사업, ⑦조사연구, ⑧글로벌 인재 양성 등 8개 분야로 구분했다. 한편 정철현·박영일·김종엽(2012)은 재정 지원 방식에 따라 ①수출 제작 지원, ②현지화 제작 지원, ③해외 마케팅 지원(이상 직접지원 수단), ④해외 수출 지원 인프라 운영, ⑤국내 수출 지원 인프라 운영, ⑥해외 전시마켓 참가 지원(이상 간접지원 수단) 등 6개로 구분했다.

콘텐츠 수출 지원정책별 주요 사업

콘텐츠 수출 방법	지원정책	주요 사업 및 행사
진출 모색	해외 전시마켓 참가 지원	MIP-TV(1986년~)
		MIP-COM(1985년~)
		상하이국제텔레비전페스티벌(1996년~)
		MIDEM ASIA(1998년~)
		국제도서전(1998년~)
	국제 교류행사 개최 지원	서울국제도서전(1995년~)
		KAMEX, G-STAR(1996년~)
		서울국제만화애니메이션페스티벌(SICAF, 1996년~)
		부산국제영화제(1996년~)
		국제방송영상견본시(BCWW, 2001년~)
		컨셉코리아(2010년~)
		서울국제뮤직페어(2012년~)
		한류상품박람회(2013년~)
	해외 홍보 및 신흥 시장 진출 지원	해외방송 프로그램 한국 소개 및 신규 시장 진출(2000년~)
		재외문화원 코리아센터 전환(2006년~)
		해외 현지 마케팅 활성화(2008년~)
		한국문화원 내 한국문화콘텐츠 전시관 운영(2009년~)
		시장 개척 로드쇼 개최(2011년~)
시장 분석	수출 관련 상담 및 자문, 조사연구 등	해외 시장 정보 제공(CEIS, GCC, 2003년~)
		글로벌 게임 퍼블리셔 초청 수출상담회(2004년~)
기획/제작	현지화 지원	재제작 지원사업(1988년~)
	제작 지원	스타프로젝트 발굴
		파일럿 프로그램(2002년~)
		대한민국 스토리 공모대전(2009년~)
		글로벌프론티어 프로젝트(2010년~)
	금융 지원	문화산업진흥기금(1999~2006년)
		모태 펀드(2006년~)
		글로벌콘텐츠 펀드 조성(2011년~)
마케팅/홍보	해외 마케팅 지원(2005년~)	
배급/유통	해외 저작권 보호	해외저작권센터 설치(2006년~)
		저작권 상담(GCC, 2008년~)
		해외출원등록 지원(2013년~)
	글로벌 서비스 플랫폼 지원	글로벌게임허브센터(2003년~)

2) 국제 문화교류 정책

　한류 정책의 문화적 목표인 국제 문화교류의 확대는 한국을 해외에 알리는 것과 더불어 콘텐츠 수출이 가져올 수 있는 문화적 반발을 완화시키는 역할도 겸한다. 문화산업의 글로벌화는 단순히 시장 확대에서 그치지 않는다. 문화콘텐츠의 교류는 한국과 한국 문화에 대한 관심과 이해도를 높여 국제사회에서 우리나라의 위상과 영향력 강화에 기여할 수 있기 때문이다. 나아가 한류를 바탕으로 한 문화교류의 확대는 국제적 리더십에서 중요한 '소프트 파워'를 형성하는 원천이 되어 정치·외교적, 경제적 성과로 되돌아올 수 있다.

　한류 확산을 위한 문화교류 정책은 크게 인적 교류, 영상물 교류, 학술 교류, 문화행사 교류, 해외 문화 협력사업공적개발원조으로 나눌 수 있다. 초창기에는 '해외 동포에게 책 보내기 운동'과 같은 단순 콘텐츠 교류에만 머물렀다. 하지만 한류 확산과 함께 반한류가 대두되자 쌍방향 문화교류의 중요성이 대두되었고, 이에 아시아문화산업교류재단현 한국문화산업교류재단과 같은 전담 기구 설치를 통해 인적 교류와 학술 교류, 문화행사 교류로 사업 영역을 확대해 나갔다. 2015년 국제개발협력기본법이 시행되면서 한류는 공적개발원조 ODA, Official Development Assistance에서도 중요 분야를 담당하기에 이르렀다.

국제 문화교류 정책별 주요 사업

구분	주요 사업 및 행사
인적 교류	해외 오피니언리더 초청사업(2005년~)
영상물 교류	세계영상물 교류사업(2005년~)
학술 교류	DICON(2002년~)
	아시아문화작가 컨퍼런스(2006년~)
	글로벌문화산업 포럼(2004~2006년)
문화행사 교류	아시아송 페스티벌(2004년~)
해외 문화 협력사업(공적개발원조)	문화ODA 사업(2012년~)

정책 유형별 시기 구분

지난 20여 년간의 한류 정책을 돌이켜보면 2002년과 2009년을 중요 전환점으로 꼽을 수 있다. 일반적으로 정권 교체는 정책 기조나 관련 제도의 변화를 동반한다는 점에서 정책사의 중요 분기점이 될 수 있다. 더불어 주요 법제나 기관의 설치가 정책 인프라로도 기능한다.

문화산업 정책은 1994년에 문체부 주요 영역으로 편입되었다. 하지만 관련 정책이 본궤도에 오른 것은 1998년 김대중 정부 출범 이후였다. 1999년에 문화산업진흥기본법이 제정되고 이에 따라 문화산업진흥기금과 한국문화콘텐츠진흥원이 설치되면서 한류 정책 또한 가시화되었다.

2002년은 문화산업 정책이 육성을 위한 노력을 넘어 본격적인 수출을 위한 시스템 확립이 진행되던 시기였다. 2001년에 설립된 한국문화콘텐츠진흥원은 2002년부터 본격적인 제작 지원 및 현지화 지원을 시작했으며, 노무현 정부가 출범한 2003년부터는 해외 마켓 참가 및 국제 행사 개최 단계에 머물러 있던 수출 진흥사업이 조사연구를 통한 정보 제공으로 확대되었다. 이와 함께 해외사무소를 통한 현지 마케팅 및 글로벌 네트워크 구축이 진행되면서 한류 정책 기반을 보다 공고히 다졌다. 2003년은 반한류 현상에 대한 대응으로 아시아문화산업교류재단이 설립되기도 했다.

2009년은 이명박 정부 이듬해로, 문화산업 정책의 대상과 지향의 변화가 두드러졌다. 2008년 정부조직 개편으로 정보통신부가 사라지면서 디지털콘텐츠 진흥업무가 문화체육관광부로 이관되었고, 문화산업 정책 또한 콘텐츠산업이란 이름으로 확대 개편되었다. 2009년에 한국문화콘텐츠

진흥원과 한국방송영상산업진흥원, 한국게임산업진흥원, 문화콘텐츠센터 등이 한국콘텐츠진흥원으로 통합되었고, 산하에 한류 지원을 위한 글로벌콘텐츠센터를 설립했다. 아시아문화산업교류재단도 같은 해에 한국문화산업교류재단으로 명칭을 변경했다. 2010년에는 기존의 온라인 디지털콘텐츠산업 발전법을 전부 개정한 콘텐츠산업 진흥법이 시행되면서, 제1차 콘텐츠산업 진흥 기본계획2011~2013이 발표되었다. 기본계획 5대 추진전략 중 하나가 '글로벌 시장 진출 확대'였는데, 중점 과제로 지역별 특성을 고려한 전략적 진출 강화, 글로벌 네트워크 구축, 글로벌 킬러콘텐츠 집중 지원 등이 제시되었다. 이 시기부터 보다 통합적이고 산업지향적인 한류 정책이 시행되어 오늘날에 이르고 있다.

1) 수출 지원정책의 흐름
① 1994~2001년: 시장 개방 대응 및 수출 기반 조성

한류 현상이 출현하기 전 초기 문화산업 분야 수출 지원정책은 자유무역 확대로 인한 서비스 시장 개방 압력에 대응하는 형태를 띠었다. 문화산업국이 설치된 1994년은 우루과이라운드UR 타결로 문화산업 분야의 시장 개방이 본격화된 시점이었다. 1995년에는 세계무역기구WTO 체제가 출범하면서 외국 자본의 국내 문화 시장 진입이 용이해졌다. 특히 영화 분야에서는 1997년 외국 직배사의 점유율 상승에 따른 수입 증가로 인해 국내 산업의 위축 우려가 고조되었다. 정부는 이러한 개방의 여파가 국내 문화산업에 미칠 피해를 최소화해야만 했다.

1994~1997년에 수출을 통해 수익이 발생한 문화산업 분야는 애니메이션 OEMOriginal Equipment Manufacturing, 주문자위탁생산이 거의 유일했다. 타 산업 분야는 국내 기반이 열악해 해외 진출은커녕 국내 역량을 높이는 일이

우선이었다. 정부는 시장 개방 일정이 확정된 상황에서 소극적 보호 정책보다 적극적인 산업 육성 정책이 유효할 것이라 판단하고 경쟁력 강화를 위한 각종 지원정책을 시작했다.

그러나 초기의 수출 진흥 지원정책은 진출 모색 단계에 해당하는 해외 전시마켓 참가 지원에 국한될 수밖에 없었다. 수출 지향으로 정책 방향을 설정했지만 구체적인 정책 수단을 동원하기엔 산업 경쟁력이 턱없이 낮았다. 문화산업 전반이 글로벌 경쟁력을 확보하지 못한 상황이었기에 시장 개척에 앞서 우리 콘텐츠의 존재부터 알리는 것이 급선무였다.

이에 따라 방송 분야에서는 1995년부터 MIP-TV, MIP-CON, 상하이 국제텔레비전페스티벌 등 해외 방송 프로그램 마켓에 전시부스를 설치하고 참가비를 지원하는 사업을 시작했다. 출판 분야에서는 1996년 개최된 제5회 국제도서전 참가를 지원했으며, 1997년에는 세계 최대 국제도서전인 프랑크푸르트 국제도서전에 한국관을 설치 운영하기 시작했다. 음반 분야에서도 1997년 최초로 국제음반박람회인 MIDEM ASIA에 한국관 공동 부스를 설치하는 등 다양한 장르에서 해외 마켓과 국제 박람회 참가를 지원했다.

해외 주요 행사 참가와 더불어 국내에서 진행되는 국제 행사도 개최 지원하기 시작했다. 서울국제도서전과 부산국제영화제 등 문화산업의 각 분야별로 중요한 국제 행사가 1990년대 중반 이후부터 시작되었다. 서울국제도서전은, 1954년부터 개최되던 서울도서전을 1995년에 광복 50주년을 맞아 국제 규모로 격상시켰다. 이후 이듬해 국제출판협회IPA의 공인을 받아 세계 28개국 국제도서전 중 하나로 명실상부 자리매김하게 되었다. 1996년 9월에 열린 제1회 부산국제영화제는 지금까지도 한국 영화의 국제적 위상을 높이는 데 기여하고 있다. 만화 분야에서는 1995년 8월에 시작된 서울

국제만화애니메이션페스티벌SICAF이 현재까지 꾸준히 개최되고 있다. 이는 국내 만화산업 활성화는 물론, 국제상업 견본시장見本市場으로의 확대를 염두에 둔 사업이었다. 게임 분야에서는 1995년에 대한민국게임대전KAMEX이 개최된 이후 2005년부터 G-STAR로 이어지고 있다. 방송 분야는 조금 늦은 2001년에 국제방송영상견본시BCWW를 최초로 개최했다.

산업 경쟁력 강화를 통한 수출 지원정책의 효과는 바로 나타났다. 영화 분야에서는 제작사의 대형화와 상영관의 멀티플렉스화가 진행되면서 1995년부터 1999년까지 관객 수가 연평균 28% 성장하는 등 국내 영화산업의 규모 확대가 이뤄졌다. 나아가 한국 영화의 점유율 상승으로 수입 대체 효과가 발생했고, 1997~1998년 한국 영화의 수출 가격 상승으로 문화산업 분야의 수출규모 증가를 이끌었다.

방송에서도 해외 진출 가능성이 엿보였다. 1997년 중국 CCTV에서 방영된 드라마 〈사랑이 뭐길래〉는 평균 시청률 4.3%를 기록하며 당시 외화 시청률 순위 2위에 올랐다. 1996년 이후부터 방송콘텐츠는 연평균 20%대의 높은 수출 신장세를 보였는데, 그전까지 사업자의 개별 노력에 머물렀던 방송콘텐츠 수출이 1998년부터 정책 지원 대상으로 자리 잡았다. 이에 2000년 기준, 대對중국 방송콘텐츠 수출액은 97만 달러약 11억 원에 달했으며, 일본으로의 수출도 증가해 방송콘텐츠 전체 수출액의 41.1%를 차지했다.

이 무렵 영상산업의 해외 진출을 위한 맞춤형 정책도 시작되었다. 대표적 사례가 1998년 12월 국제방송교류재단 내에 설치된 영상물 수출 지원센터였다. 이곳에서는 우리 콘텐츠를 수입한 국가에서 더빙이나 자막 삽입이 가능하도록 M&E Music & Effect, 대사 음악 효과음 등 분리 제작방식으로 클린 테이프를 만드는 '재제작 지원사업'이 진행되었다. 2002년 한 해에 1,500편에 달하는 방송 프로그램이 재제작되었고, 애니메이션 분야에서도 현지어버전 제작 지원을 시작했다. 다만 1990년대 후반 드라마 편당 수출 단가가 600달러약 70만 원 미만이던 상황에서 클린테이프 제작에만 1,000달러약 115만 원가 소요되었던 것을 고려하면, 애초부터 이 정책은 경제적 이익보다 시장 개척과 한국 홍보를 목적으로 수행된 사업으로 보는 것이 타당할 것이다.

음반의 해외 진출 역시 수익 창출보다 한국 음악 알리기가 목표였다. 해외 음반 시장 개척이 가능한 언어권을 목표로 삼아 한국가요 외국어버전 음반을 제작 보급하거나, 중국 내 11개 주요 도시 지역을 중심으로 한국 음악을 소개하는 FM라디오 프로그램을 확보하도록 지원한 것이 대표적이다.

한편 게임산업은 수출을 통한 경제적 이익이 직접적으로 발생하는 분야였다. 1999년에 우리나라 게임 수출액이 1억 달러약 1,150억 원를 상회하는 등 이때부터 명실상부 수출 효자산업으로 자리 잡기 시작했다.

이처럼 일부 장르에서 수출이 가시화되면서 정부 정책도 점차 수출을 통한 경제적 효과 창출을 목표로 삼기 시작했다. 1998년 12월에 발표된 '새문화관광정책'에서는 2003년 문화산업 수출 목표액을 12억 달러약 1조 3,800억 원로 설정했다. 1999년 3월에는 보다 장기적 관점 하에 '문화산업발전 5개년 계획'이 수립되었는데, 여기에도 수출상품 개발, 해외 시장 개척 등 국제 경쟁력 강화를 위한 사업 추진을 목표로 제시했다. 2000년에는 이를 보완한 '문화산업비전21문화산업진흥 5개년 계획'을 발표하는 등 해외 진출이라는 명확한 목표 하에 포괄적인 정책 수립이 시작되었다고 볼 수 있다.

지금까지의 논의를 종합하면, 1994~2001년 사이의 정책은 진출 모색 차원에서 해외 전시마켓 참가 지원과 국제교류 행사 개최, 그리고 부분적으로 재제작 지원 등 현지화 지원사업이 주를 이루었다. 또한 수출 지원을 위한 국내 인프라 구축이 이루어지면서 향후 한류 정책 실행을 위한 기반이 마련된 것으로 평가할 수 있다.

② 2002~2008년: 수출 진흥 및 한류 대응 본격화

이전 시기가 시장 개방에 따른 위기와 대응 차원에서 지원정책을 문화산업의 역량 강화에 초점을 맞췄다면, 2002년 이후부터는 정책의 성과로서 해외 시장으로의 진출이 확대되는 과정이라 할 수 있다. 이른바 한류가 본격적으로 모습을 드러낸 시기라 할 수 있다. 2003년 12월, 세계 5대 문화산업 강국 실현을 위한 참여정부의 문화산업 정책비전 보고회를 계기로 문화체육관광부가 문화산업 수출 100억 달러약 11조 5,000억 원 달성을 목표로 내건 것은 상징적 의미가 있다. 특히, 2001년에 설립된 한국문화콘텐츠진흥원이 이 시기에 콘텐츠 제작 및 수출 역량 강화에 있어 핵심 역할을 담당했다.

2002년부터 진흥원이 진행한 '스타프로젝트 발굴 지원사업'은 해외 시장 진출 가능성이 높은 콘텐츠에 제작자금을 지원했다. 특히 애니메이션 분야의 경우, 위 사업을 통해 2002년부터 2008년까지 총 38개 작품에 195억 원을 지원했다. 2001년부터 시작된 '우수파일럿 제작 지원사업' 역시 국내 애니메이션의 창작 역량 강화를 목표로 2001년부터 2008년까지 140여 개의 작품이 시장에 나오는 데 기여했다. 모바일콘텐츠, 애니메이션, 방송, 음악 등의 분야에서는 현지화 제작 지원사업이 진행됐다. 그중 수출용 기획 음악콘텐츠 지원사업은 실력 있는 국내 아티스트의 해외 진출을 위한 해외 공동비즈니스 중심의 기획 콘텐츠를 지원한 사업이었다.

이 시기의 가장 중요한 변화는 기획 단계에서부터 글로벌 시장 진출을 염두에 두고 정보 제공 기능을 강화했다는 것이다. 한국문화콘텐츠진흥원은 2003년부터 해외 진출 정보 지원을 위해 해외진출지원시스템CEIS을 운영하고 일본, 중국, 유럽, 미국에 현지 사무소를 개설했다. 한국게임산업진흥원도 중국 사무소베이징, 상하이를 개설하는 등 정보 수집 및 현지 지원을 강화하기 시작했다. 이들 해외 사무소들은 정기적으로 해외 콘텐츠 시장

동향 및 수출 관련 보고서를 제공했다. 또한 국내 콘텐츠의 현지 홍보 지원, 국내 기업체 현지 진출을 위한 컨설팅과 현지 바이어와의 비즈니스 상담회 등을 기획했다.

이러한 해외 수출 인프라 구축은 국내 인프라와 더불어 콘텐츠 수출 지원정책의 질적 발전을 가져왔다. 즉, 앞선 시기의 정책이 견본시 참여를 통한 마케팅과 국내용 완제품의 재제작에 머물렀다면, 2002년부터는 글로벌 시장 진출을 감안한 상품 기획과 유통 마케팅이 가능한 환경이 조성된 셈이다. 2005년 7월에 발표된 '문화강국C-Korea 2010' 육성 전략에는 핵심 문화콘텐츠 산업 집중 육성을 목표로 게임, 영화, 음악과 함께 방송산업에 대한 집중 육성 계획이 포함되었다. 그간 게임을 제외하고는 콘텐츠의 해외 수출이 수익으로 직결되지는 않았다. 하지만 2005년을 기점으로 한류는 실질적 수익을 내는 산업으로 완전히 들어섰다. 음반 비디오물 및 게임물에 관한 법률이 2006년에 영화 및 비디오물의 진흥에 관한 법률, 게임산업 진흥에 관한 법률, 음악산업 진흥에 관한 법률로 분리 재편된 것은 정책의 산업적 목표를 보다 명확히 한 것이라 볼 수 있다.

이러한 맥락에서 해외 저작권 보호의 필요성이 이 시기에 본격적으로 제기되었다. 2004년과 2005년 『문화산업백서』는 한류 열풍에도 불구하고 불법복제로 인해 수익이 낮다는 점을 지적하며, 저작권 보호를 위한 국가 간 업무 협조 필요성을 제기했다. 2006년에 한류 거점 지역인 중국에 저작권센터Copyright Center를 설치한 이유가 이러한 판단에 따른 결과라 볼 수 있다. 문체부 예산서에 '해외 저작권 보호' 항목이 등장한 것도 이때부터였다. 이후 세계지식재산권기구WIPO와의 협력 강화를 통해 해외 저작권 보호 기반을 마련해 나갔다.

더불어 해외 마케팅 및 수출 활성화 예산도 편성돼 본격 시행되었다.

2005년에는 해외에서 개최되는 한국 드라마 쇼케이스를 지원하고, 방송사로부터 한국 드라마 해외 배급권을 구매하여 한류의 인기가 미미한 중동 및 아프리카에 무상으로 보급하는 등의 사업을 시행했다.

이렇듯 2002년에서 2008년까지는 한류 확산에 대한 대응을 강화하고 수출 지향을 분명히 한 시기로 정리할 수 있다. 정책 내용 면에서도 해외 인프라 구축을 위한 조사연구 기능 강화와 해외 마케팅 지원, 한류의 수익화를 위한 해외 저작권 보호에 이르기까지 수출 단계의 모든 지원정책이 틀을 갖춘 시기였다.

③ 2009~2016년: 글로벌 산업으로의 도약과 위험 발생

2009년부터는 문화산업이 글로벌 산업으로서 본격 도약하기 시작했다. 이 시기에 한류 정책은 문화산업의 일부가 아닌 문화산업을 견인하는 주력 정책으로 자리매김했다. 좁은 내수 시장의 한계를 벗어나기 위한 글로벌 시장 진출 노력이 SNS 같은 뉴미디어 유통 플랫폼을 통해 전 세계로 빠르게 소비·확산되는 변화와, 중국 등 해외 시장의 폭발적 수요와 만나면서 이른바 '신한류', '한류 3.0'으로 불리는 제2의 전성기를 맞이했다. 2009년 원더걸스가 빌보드차트 76위에 오르더니, 2012년에는 싸이가 〈강남스타일〉로 빌보드 싱글차트 2위에 오르며 전 세계인의 사랑을 받았다. 2014년 드라마 〈별에서 온 그대〉는 중국인민대표대회에서 언급될 정도로 상당한 인기를 얻었고, 2016년 드라마 〈태양의 후예〉는 한국보다 해외에서 더 많은 인기를 끌었다 해도 과언이 아닐 정도였다.

2008년 『문화산업백서』에서는 그동안의 해외 진출 지원정책이 콘텐츠 제작 지원과 해외 시장 진입 지원에 한정되었다고 지적하고, 기업의 해외 진출과 현지 시장 확대, 유통 지원 등의 다각화를 주문했다. 유통 및 배급 기능에 대한 정책 통합의 필요성은 새로 출범한 이명박 정부에서 통합 한국콘텐츠진흥원의 출범으로 이어졌다. 이를 통해 장르별로 분산된 사업 기능이 일부 통합되었고, 수출 진흥 기능 또한 하나로 모아져 정책 효율성을 증진시키고자 했다.

2009년 진흥원 산하에 문을 연 글로벌콘텐츠센터GCC가 대표적인 예이다. 글로벌콘텐츠센터는 해외 진출에 필요한 원스톱 지원을 목표로 정보 제공, 마케팅 자문 컨설팅, 해외 홍보 및 현지화, 법률 및 금융 지원을 제공했다. 글로벌콘텐츠센터의 설립은 직접지원을 중심으로 운영되던 수출 지원정책이 간접지원 중심으로 변화하기 시작했음을 뜻한다. 그리고 한류 정책의 무게 중심이 '소수의 스타콘텐츠 제작' 지원에서 '다양한 콘텐츠의 전방위 수출'로 바뀌고 있음을 의미한다.

문화산업의 글로벌화를 위해 금융 지원을 강화한 것도 중요한 변화였다. 2009년도부터 모태 펀드의 역할 강화, 해외 공동제작 및 투자 활성화 금융 지원 및 인프라 확립, 전문 투자조합 출자 등의 금융 지원정책이 시행되었다. 2011년에는 글로벌콘텐츠 펀드를 조성해 1차로 1,236억 원정부 400억 원, 민간 및 해외 투자자 836억 원, 2차로 2015년에 1,000억 원정부 400억 원, 민간 투자자 600억 원을 조성하여 운영하고 있다.

글로벌콘텐츠 펀드 구조

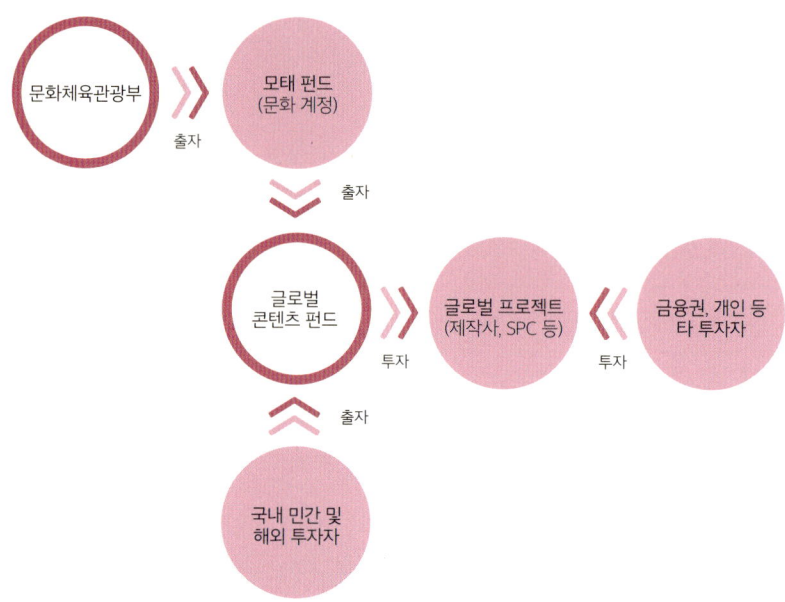

저작권 분야에서는 2013년부터 글로벌콘텐츠센터를 통한 해외출원 등록 지원이 시작됐다. 또한 해외저작권정보플러스 사이트 www.copyright.or.kr 를 운영해 해외 저작권 정보 제공을 확대하고, 한중저작권 포럼, 한일저작권 포럼, 서울저작권 포럼, WIPO STUDY VISIT, 국제저작권보호인력 개발 워크숍 등을 통해 저작권 관련 국제 협력을 강화해 나갔다.

글로벌 시장 진출을 고려한 콘텐츠의 개발 기획 지원도 강화했다. 2009년부터 시작된 글로벌 스토리 공모전은 스토리의 완성도를 높이는 작업과 함께 제작, 유통 지원을 연계하는 원스톱 지원사업으로, 대표적으로 '대한민국 스토리 공모대전'을 꼽을 수 있다. 수상작에 대해서는 사업화는 물론 해외 시장 진출까지 지속적인 지원을 이어갔다. 또한 2010년부터는 글로벌콘텐츠 제작을 지원하기 위한 포맷 제작 지원과 원소스멀티유즈 OSMU가 가능한 킬러콘텐츠를 지원하는 '글로벌 프론티어 프로젝트' 사업을 추진했다.

글로벌 산업을 선도할 전략 지역 전문가 양성도 본격화되었다. 2011년 드라마와 K-POP 분야를 시작으로 2012년에는 게임, 만화 분야로까지 확대되었다. 특히 2012년부터는 해외 시장에 대한 이해를 돕는 교육뿐만 아니라 비즈니스 성격의 연수로 변화를 꾀하여, 실제 현업 종사자들의 수출 판로 개척 및 현지 기업 네트워킹에 도움을 주고자 했다. 2013년에 뮤지컬, K-POP, 게임 등 3개 분야에서, 2014년에는 영상콘텐츠 산업 종사자를 대상으로 한류콘텐츠 수출 증진을 위한 현지 교육을 시행했다.

2009년 6월에는 한국콘텐츠진흥원 산하에 글로벌게임허브센터를 구축하여 게임 해외 수출 지원, 게임 글로벌 서비스 플랫폼 GSP 지원사업 등을 시작했다. 이 가운데 게임 글로벌 서비스 플랫폼 지원사업은 국내 중소 온라인게임사들이 자사의 게임을 해외에 직접 서비스할 수 있도록 인프라를 제공하고 유통을 지원하는 사업이다. 구체적으로 미국, 중남미, 동남아 등 해외 유저가 국내 게임을 이용할 수 있도록 서버 및 네트워크 등의 인프라 지원, 서버 세팅과 시스템 관리 등의 운영 지원, 해외 마케팅, 결제 서비스 등을 제공했다.

2011년부터는 신흥 시장 개척 지원을 위한 노력도 본격화되었다. 2011년 인도에서 콘텐츠 로드쇼 '랑데부 코리아'를, 러시아에서 '한·러 게임산업 설명회'를 개최했으며, 2012년에는 중동과 중남미 지역에서 수출 상담회 등을 개최했다. 2013년에는 인도, 터키, 아르헨티나에서, 2014년에는 브라질, 멕시코, UAE에서 마켓 참가 및 시장 개척 로드쇼를 개최했다.

지금까지 살펴본 2009년 이후의 수출 진흥 정책은 다음과 같이 정리

할 수 있다. 먼저 글로벌콘텐츠센터 설립을 계기로 장르의 벽을 넘어 콘텐츠 수출 지원을 위한 통합 상시 체계를 구축했다. 법률 및 마케팅 자문 기능과 저작권 대응을 강화하여 기업의 실질적인 해외 진출 역량을 키웠다. 시장 확대를 위한 지역 전문 인력을 전략적으로 양성하고, 글로벌 스토리를 공모하여 제작 단계에 진입시켰으며, 신흥 시장 개척을 위한 다양한 사업을 전개했다. 해외 마켓 참가와 국제 콘텐츠 행사 개최를 통한 해외 진출 네트워크 지원 역시 지속적으로 이어갔다.

한편, 문화산업에서 해외 시장, 특정 국가에 대한 과도한 의존이 가져올 위험성이 최근 발견되었다. 2014년 이후로 한국의 문화산업은 중국을 향해 열심히 달려갔다. 손님도 많고 가게도 많은 중국 콘텐츠 시장에서 '한국산'은 값싸고 질 좋은 상품이었다. 양질의 콘텐츠에 대한 수요를 중국 내 공급이 따라가지 못하는 만큼 우리에게 시장이 열렸다. 준비된 역량을 바탕으로 중국 시장 깊숙이 진출해 완성된 콘텐츠부터 포맷, 기업까지 팔 수 있는 건 모두 팔았다. 몇 년 사이 중국은 한국 문화산업 시장의 큰손이 되었고, 단순 소비자에서 이제 생산자에 준하는 지위로 올라섰다. 다음 표에 나타난 바와 같이 중국 자본은 한국의 주요 게임, 방송 연예, 캐릭터, 음악 기업에 이르기까지 상당한 영향력을 미치고 있다. 그러나 그 시장은 언제까지나 열려 있지 않았다. 자국의 제작 역량이 단기간에 강화되면서 한국 콘텐츠에 대한 수요가 감소한 데다 '사드 배치'라는 복병까지 만나면서 한류는 일순간 한류寒流가 되어버렸다.

최근 3년간 중국 자본의 한국 문화콘텐츠 기업 직접투자 현황

투자 기업	대상 기업	산업 분야	투자액	시기	비고
텐센트	네시삼십삼분(4:33)	게임	1,200억 원	2014.11	20%
	파티게임즈	게임	200억 원	2014.09	20%(2대 주주)
	CJ게임즈	게임	5,500억 원	2014.03	28%(3대 주주)
	YG엔터테인먼트	방송연예	358억 원	2016.05	4.5%(4대 주주)
웨잉	YG엔터테인먼트	방송연예	658억 원	2016.05	8.2%(3대 주주)
화처미디어	NEW	영화/방송	535억 원	2014.10	15%(2대 주주)
소후닷컴	키이스트	방송연예	150억 원	2014.08	6.4%(2대 주주)
DMG그룹	초록뱀미디어	방송연예	250억 원	2015.11	25%(최대 주주)
PAG	영실업	캐릭터	2,200억 원	2015.04	96.5%(최대 주주)
완다그룹	덱스터스튜디오	문화기술(CT)	111억 원	2015.04	13.3%
쑤닝유니버셜	레드로버	애니메이션	453억 원	2015.06	20.2%(최대 주주)
	FNC엔터테인먼트	방송연예	336억 원	2015.11	22.0%(2대 주주)
화이자신	씨그널엔터테인먼트	방송연예	214억 원	2015.09	12.6%(최대 주주)
알리바바	SM엔터테인먼트	방송연예	355억 원	2016.02	4.0%
화이브라더스	HB엔터테인먼트	방송연예	421억 원	2016.03	30.0%
	심엔터테인먼트	방송연예	228억 원	2016.03	30.4%(최대 주주)
상하이ISPC	소리바다	음악	100억 원	2016.03	10.3%(최대 주주)
펀게임	웹젠	게임	2,039억 원	2016.03	19.2%(2대 주주)
금성투자그룹	판타지오엔터테인먼트	방송연예	300억 원	2016.10	27.6%(최대 주주)

출처: 각종 언론보도 참고 정리

    정리하면, 2009년 이후의 한류는 산업적 가치가 극대화되고 글로벌 산업으로의 도약이 완성된 시기였다. 완비된 내적 역량을 토대로 해외 시장에서 적극적으로 이윤 창출을 도모했고, 세계인이 즐기는 킬러콘텐츠도 잇달아 등장했다. 정부는 콘텐츠 해외 수출을 위한 다각적 지원을 시행했

으나, 최근 불거진 중국발 '사드 리스크' 앞에서는 마땅한 대안을 찾지 못하고 있다. 중국 시장을 향한 과도한 의존이 가져올 위험성에 대한 인식과 이를 극복하기 위한 과제가 놓여 있는 셈이다.

2) 문화교류 정책의 흐름

① 1994~2001년: 문화콘텐츠를 활용한 한국 문화 알리기

문화교류 정책은 한류가 본격화되기 전인 1990년대까지 수출 지원정책보다 중요한 비중을 차지했었다. 한국을 세계에 알리기 위한 수단으로 문화콘텐츠를 활용하는 것이 최우선 정책 과제였기 때문이다. 1990년대에 한국을 해외에 알리는 사업은 공보처 소속의 해외문화홍보원이 담당했는데, 큰 틀에서 보자면 문화콘텐츠는 홍보를 위한 수단으로서 인식되었다.

이 시기 진행된 주요 문화교류 정책으로는 1990년부터 추진해 온 '해외동포에게 사랑의 책 보내기'가 있다. 1996년 국제방송교류재단을 설립하고, 1999년 아리랑TV 해외방송을 개국하면서 방송을 통해 해외에 한국을 알리기 위한 노력들이 본격화되었다. 국제방송교류재단 정관 제2조에 따르면, "방송의 국제교류 협력 사업을 통해 한국에 대한 국제사회의 올바른 이해와 국제적 우호 증진을 도모하는 한편, 방송영상물의 질적 향상을 위한 사업을 수행, 지원함으로써 방송-영상-광고 산업의 진흥 및 문화-예술의 선양에 이바지"함을 설립 목적으로 밝히고 있다. 일부 산업 진흥의 기능도 있으나 국제교류 협력이 주된 기능이며, 사실 이조차도 상호 교류의 성격보다는 한국을 해외에 알리는 홍보 수단이라는 관점하에서 접근한 것이었다. 이에 따라 한국과 관련된 사람들, 즉 해외 교포나 국내 거주 외국인을 대상으로 한국에 대한 정보를 제공하는 것을 목표로 하는 등 수익이 우선시되는 수출 전략과는 거리가 멀었다. KBS라디오를 통한 단파 방송도 같은 차원이었다.

② 2002~2008년: 반한류 현상에 대한 대응과 쌍방향 교류 추진

2000년대 한류가 본격적으로 진출된 지 얼마 지나지 않아 반한류, 혐한류 조짐이 일어나기 시작했다. 그 원인으로 우리 콘텐츠의 일방적 유통과 지나친 상업주의가 지적되었다. 때문에 지속가능한 한류를 위한 정책적 조치가 요구되었다. 이는 정부의 역할임이 분명하지만, 정부가 직접 행할 사업으로는 적절치 않았다. 이에 2003년 민간 재단법인 형태로 아시아문화산업교류재단현 한국문화산업교류재단이 설립되었다. 재단은 '다양한 문화산업 교류를 통하여 각국 문화에 대한 올바른 인식과 이해를 도모하고, 상호협력을 위한 민간교류 창구로서의 역할을 수행함으로써 국가 간 문화교류 및 협력기반 조성'을 목적으로 내세웠다. 그리고 세계인과 함께하는 이른바 '착한 한류'를 통해 한류의 문화적 가치 제고를 지향했다. 이는 쌍방향 문화교류를 통한 정서적 거부감 완화를 목표로 한 것으로, 부분적으로는 문화산업에서 시작된 한류의 성과를 문화교류로 이어가려는 전략으로 평가할 수 있다.

재단은 2004년 11월, 제1회 아시아송 페스티벌을 개최하며 본격적인 교류 협력 활동을 시작했다. 2005년에는 한류정책자문위원회를 발족해 반한류 현상에 대비한 자문 기능을 강화했다. 아시아송 페스티벌 개최를 중심으로 문화교류 활동을 확대하며, 점차 해외 언론인의 문화산업 취재 지원, 한류 포럼 개최, 한류 총서 발간 등 학술 교류와 조사 업무로 사업 영역을 확대해 나갔다. 또한 아시아문화작가 컨퍼런스현 아시아드라마 컨퍼런스를 2006년부터 시작하는 등 문화산업 종사자들 간의 네크워크 구축 기회 또한 주선했다.

재단의 또 다른 핵심 사업으로 쌍방향 콘텐츠 교류 차원에서 상대국 영상물을 구매해 한국 내 방송사에 제공하는 사업이 있다. 이는 수익성과 상관없이 다양한 국가의 영상물을 구매해 국내 케이블TV를 통해 방영하는 사업으로, 2005년부터 지속해 오고 있다. 그외 2003년에 KBS World 채널이 출범하면서 아리랑TV와 유사한 기능을 수행하고 있으며, 2006년에는 재외문화원을 확대 개편해 문화산업 및 관광 서비스를 원스톱으로 제공하는 '코리아센터'로의 전환을 추진했다.

③ 2009~2016년: 신흥 시장 개척과 문화 ODA

한국문화산업교류재단은 기존에 동아시아에 집중되어 있던 교류 대상을 2009년 이후로 점차 확대해 나갔다. 2009년 파타야 국제뮤직 페스티벌을 시작으로 한국-몽골 문화축제 한마당, 한국-태국 우정콘서트, 베트남 문화교류 행사를 개최했으며, 한류 포럼에 한국, 멕시코, 태국의 문화산업 관계자들이 참석하고, 2010년에는 중동 지역과 남아프리카공화국 언론인들의 문화산업 취재를 지원하는 등 아시아를 넘어서 신흥 시장으로 그 대상을 넓혀갔다.

한편 수출 시장 확대를 위해 시장성이 아직 미미한 중남미와 중동, 아프리카 등을 대상으로 한국의 우수한 영상물을 제공하며 한국에 대한 인지도를 높이는 사업도 지속적으로 추진해 나갔다. 특히 2012년부터 콘텐츠 교류 협력을 문화 ODA공적개발원조 사업으로 확대 진행했다는 점에서 한 단계 진전이 이루어졌다. 국제개발협력 기본법이 통과된 2010년 이후로 개발도상국에 대한 콘텐츠 교류를 공적개발원조의 관점에서 접근하기 시작한 것이다. 2013년부터 라오스와 중국, 카자흐스탄, 미얀마, 케냐, 몽골, 태국, 우즈베키스탄, 인도네시아 등지에서 문화 ODA 사업이 이뤄졌는데, 주로 멀티미디어 시설 지원, 한류콘텐츠 제공, 쌍방향 문화교류 프로그램 실행 등이 진행되었다. 한류에 대한 반감을 누그러뜨리는 동시에 이를 활용한 한국 문화 알리기가 병행된 셈이다.

한류 정책, 진흥과 활용의 양가성

한류를 바라보는 다양한 관점이 존재하지만, 한류라는 용어를 사용하는 이상 산업적 가치가 우선시됨은 부인할 수 없다. 그러나 문화산업의 정책 목표가 경제적 가치를 통한 문화적 가치의 실현이듯, 한류 정책의 궁극적 가치는 문화적인 곳 어딘가에 있다고 보는 것이 옳다.

지난 20여 년간 한류 현상은 다양한 형태로 변화하며 오늘에 이르렀다. 문화산업은 1990년대 중반 우루과이라운드로 대표되는 시장 개방 정책의 희생양이 되는 듯 보였지만, 내적 역량 강화를 통해 위기를 기회로 삼으며 한류를 잉태했다. 산업으로서 한류는 2002년을 즈음하여 반한·혐한이라는 난관을 만났지만, 반성과 성찰을 기반한 문화로서의 한류 정책에 힘입어 다시금 도약했다. 그리고 2009년에 이르러 한류는 우리 문화산업의 글로벌화를 통해 산업적 가치를 극대화하는 핵심 동력이 되었다. 세계인이 우리 콘텐츠에 울고 웃는 모습을 보며 자부심을 느끼는 한편, 경제적 이익까지 챙겼다. 하지만 최근 사드 사태로 인해 중국 시장과의 교류에 적신호가 켜졌다.

산업적 기반이 없는 한류 현상은 무의미하며, 문화적 가치가 없는 한류 정책은 공허하다. 한류가 균형 있게 유지되고 성장하기 위해서는 산업과 문화, 수출과 교류라는 두 축이 원활히 굴러가야 한다. 언덕길에선 힘을 모아 오르고, 내리막에선 천천히 살피는 지혜와 기술이 필요하다. 이것이 한류 진흥을 위한 정책 집행 매뉴얼이자, 주무부처인 문화체육관광부와 관련 기관의 역할이다.

다만 진흥의 동력을 약화시킬 수 있는 과도한 활용에는 주의해야 한다. 최근 몇 년간 정부와 민간에서 한류를 활용한 다양한 사업을 전개하고 있다. 한류라는 탐스러운 과실을 타 분야와 공유하며 또 다른 성과를 만들어낸다는 점은 긍정적이다. 하지만 한류를 활용한다는 것은 곧 오르막과 내리막을 번갈아가며 힘들게 나아가는 한류라는 수레 위에 올라타는 행위임을 잊어서는 안 된다. 과도한 무게로 진행 속도를 늦추거나 과도한 간섭으로 진행 방향을 바꾸지 않도록, 관련 정책 당국과 사업자들은 주의해야 할 것이다.

본고는 김규찬이 연구책임을 맡고 이성민이 참여한 「문화산업정책 20년 평가와 전망」(2015)의 일부 내용을 활용하여 작성했습니다.

참고자료

한류 20년, 문화산업 정책

김규찬(2016.4.13), <중국으로 달려가는 한국 문화산업: 유출인가 진출인가>, 《중앙일보》 27면

김규찬(2015), 『문화산업정책 20년 평가와 전망』, 한국문화관광연구원

문화체육부(1997), 『문화산업백서』

문화체육관광부(2009), 『2008 문화산업백서』

문화체육관광부(2010), 『2009 문화산업백서』

문화체육관광부(2011), 『2010 콘텐츠산업백서』

문화체육관광부(2012), 『2011 콘텐츠산업백서』

문화체육관광부(2015), 『2014 콘텐츠산업백서』

문화체육관광부(2016), 『2015 콘텐츠산업백서』

전원경(2014), 「한국 드라마 수출 후원 정책의 효율성에 대한 고찰」, 『글로벌문화콘텐츠』, p.153-178.

정철현 박영일 김종업(2012), 「문화산업 정책수단의 효과 비교연구」, 『사회과학연구』 51(2), p.1-39.

채지영(2014), 『문화콘텐츠 수출 지원정책 체계 개선 방안 연구』, 한국문화관광연구원

한범수(2006), 「영화수입문호개방」, 국가기록원

사드, 그 이후의 한류

사드, 그 이후
한류 정책에 대한
몇 가지 생각

홍석경(서울대학교 언론정보학과 교수)

한류 정책에
대한 자성론

동아시아의 정치적 긴장이 한류 콘텐츠의 주요 시장인 중국과 일본으로의 문화 수출 감소 또는 제자리걸음으로 이어지고 있다. 특히 한국의 사드 배치 문제로 인해 중국정부가 어떠한 공식적인 대(對)한국 제재 조치를 공시하지 않았음에도, 한중합작 드라마들의 중국 내 방송 연기 및 한국 연예인들의 입국 금지, 콘서트와 팬 미팅 취소 등이 이어지고 있다. 최근 몇 년간 한국의 문화산업에 대한 중국의 열렬한 직접 투자를 생각하더라도 자국의 실질적 이익과는 무관한 중국 정부의 태도에 대해 중국 내부에서조차 비판의 목소리가 흘러나오는 실정이다. 이와 같은 중국정부의 정책 가변성은, 중국과 일본이라는 두 개의 인접한 거대 시장을 겨냥하며 성장해 온 한국의 대중문화산업 현실에 대한 자각과 더불어 미래의 발전 방향에 대해 심각한 자성의 시간을 갖게 한다.

한국의 대중문화산업은 일본이 만들어낸 여러 가지 대중문화산업 모델의 영향을 받아 그것을 더 효율적으로, 수출 지향적인 형태로 만들어온 특징이 있다. 이 과정에서 한류산업의 핵심을 차지하는 방송 분야는 치열한 경쟁 속에서 시청자들과의 조율을 통해 매우 '한국적인' 감수성을 프로그램 포맷과 내용에 담게 되었다. 급속한 자본주의 소비사회로의 진입 경험이 녹아든 이 콘텐츠는 유사한 삶의 조건하에 있는 중국과 다른 아시아 국가들에게 매우 매력적인 것으로 다가갔다. 이 과정에서 발전주의 경제 모델의 한국은 자연스럽게 문화물의 수출을 권장하는 여러 가지 정책을 시행했고, 겉으로 드러난 결과들은 이러한 정책의 성공을 지지하는 듯 보였다.

그런데 과연 한류가 정부의 정책적 지원 때문에 성공한 것일까? 정부가 일반 사기업이 독자적으로 수행하기 힘든 한국 문화물의 해외 홍보 기회와 수출 지향적인 콘텐츠의 제작 유통을 지원해 왔지만, 동아시아 안팎의 한류가 직접적인 정부의 정책 결과라고 보기는 어렵다. 한류는 세계화와 디지털 문화 속에서 수용국의 특별한 상황이 매개하여 이루어진 자발적 수용 현상이다. 특히, 방송이라는 제도화된 시장의 개입을 완전히 우회해 버린 동아시아 외부에서의 한류는 더욱 그렇다.

이에 사드가 가져온 시장의 '위기'를 기존 '한류 정책'에 대한 자성의 계기로 삼기 위해 몇 가지 생각을 더해 본다.

첫째, 그간 정부가 앞장서 온 수출 지향적 문화산업 지원을 한국 문화산업의 내적 기반을 튼실히 하는 장기적 정책으로 전환할 필요가 있다. 한류가 가시화되자 정부는 여러 활동에 한류를 동반하며 적극적으로 한국 대중문화를 공공외교의 자료로 삼았다. 이러한 '소프트 파워'론에 입각한 여러 움직임이 한국의 대중문화를 지나치게 국가와 연동되는 무엇으로 만들어버렸음을 이번 사드 사태가 말해 주고 있다. 한국정부가 대중문화에 관심을 두게 된 것은, 이것이 한국의 수출산업에 촉매제 역할을 할 수 있지 않을까 하는 시장주의적 동기가 컸었다. 그리고 이것이 최근의 창조산업 담론과 이어지면서 더욱 힘을 받은 것으로 보인다.

그러나 문화산업 정책에서 기업을 지원하는 것과 문화산업 종사자들의 창의 노동을 지원하는 것은 정책적인 측면에서 차이가 존재한다. 해외로 문화물을 수출하려는 기업들의 해외 쇼케이스나 공연을 지원하는 것, 기업의 경제 활동이 원활하게 진행되도록 규제를 간소화하는 것 등이 전자에 해당한다. 반면 창의력이 중요한 문화산업 종사자들의 노동이 정당한 수입과 사회보장으로 환산되도록, 즉 지나치게 열정노동에 의존하는 현재의 부조리함을 개선하는 여러 가지 정책들이 후자에 해당한다. 한편, 젊고 재기발랄한 아이디어가 문화물로 제작될 수 있도록 문화산업 업종의 스타트업을 돕거나 공모전을 지원하는 정책 등이 이 둘 사이에 위치한다고 볼 수 있다.

문화산업 종사자의 절대 다수가 비정규직이지만, 그간 한국정부의 한류 정책은 지나치게 전자에 집중되어 있었고, 후자엔 거의 무관심했다. 비정규직으로서 계약 및 이에 따른 정당한 권리를 누릴 수 있도록, 이제는 문화산업에 대한 지원을 보다 체계적이고 장기적인 시각에서 수립할 필요가 있다. 디지털 시대 불법 다운로드가 횡행하는 세계 환경 속에서 한국 문화 창작물의 지식재산권을 제대로 보장받기 원한다면, 국내 문화산업 노동자들의 권리 보장도 그만큼 성숙할 필요가 있다는 것이다. 한국 대중문화의 세계적 성공을 발전주의적 국가가 지원하는 수출 집약형 문화산업의 일시적 성공으로 보려는 유럽과 북미의 시각이 오판이라고 자신 있게 말할 수 있도록, 향후 우리 대중문화산업을 내적으로 더욱 건강하게 만드는 것, 그럼으로써 넘치는 에너지가 건강한 산물을 산출하도록 돕는 것이 문화 정책의 우선이 되기를 기대한다.

둘째, 다시 한류 정책으로 돌아와서, 한국 대중문화의 세계 속 진출과 교류가 지속적으로 발전되고 영향력을 유지하는 데 도움이 되는 문화 정책을 기획하려면, 문화 외적인 정부 정책에 견인되지 말고, 한류 팬들에 대한 이해를 우선적으로 고려할 것을 권유한다.

한류는 동아시아에서 지상파와 위성 방송을 통해서 전파되었기에 대중문화적 특성을 띠며, 특히 여기에는 전통적 대중매체의 매개가 중요한 역할을 했다고 알려져 있다. 그러나 이것은 한국 프로그램의 방송권과 포맷이 정상적으로 판매 유통된 동아시아 내부에서만 해당되는 말이다. 동아시아 밖의 한류 현상은 온전히 인터넷을 통한 자발적인 팬 활동의 결과이며, 동아시아 내부에서도 한류 수용자들의 형태는 일반 대중문화 소비자라기보다는 '팬덤'의 특성이 강하다. 다시 말해 좋아하는 배우와 드라마, 노래, 아이돌 그룹에 대한 충성도가 높고, 문화상품뿐만 아니라 스타들의 SNS를 비롯해 그들의 여러 활동들을 중독적으로 소비하는 열혈 팬들이 상당수다. 일본에서 열리는 한국 배우 팬 미팅과 콘서트에는 20, 30대 여성뿐만 아니라, 과거 그리고 지금도 욘사마의 팬일 법한 70대 관객까지 참석한다. 한한령이나 혐한 감정으로 한류 현상이 가시적으로 수그러들지라도, 팬들은 여전히 한류 콘텐츠를 열망하고 있으리라 예상된다.

한류의 수용자가 팬덤적이라는 것은 양가적이다. 한국의 대중문화가 미국의 할리우드나 일본의 만화망가가 도달한 글로벌 대중문화의 수준에는 채 못 미치는 하위문화적 특성을 지니고 있으나, 동시에 여전히 새롭고 매력 넘치는 콘텐츠로서 팬들에게 인식되고 있다는 것이다. 대형 기획사 중심의 한국 연예 매니지먼트를 우회해 세계적인 팬덤 형성에 성공한 '방탄소년단'의 사례가 매우 시사적이다. 이들은 온전히 인터넷 플랫폼과 라이브 방송, SNS를 통해서 전 세계 팬들과 소통하고, 노래에 메시지를 담아 소통한다. 한국 방송과 기획사 시스템의 총아라고 할 수 있는 '엑소'와 한국 대중문화가 만든 최고의 글로벌 스타상품이라고 일컬어지는 '빅뱅'의 성공 사이를 비집고, 대안적 모델을 창출하는 데 성공한 것이다.

그렇다면 한국 대중문화의 창의성에 적극적으로 반응하고 충성도를 보이는 한류 팬들이 진정 원하는 것은 무엇일까? 중국의 한한령으로 양국 간 공식적 왕래가 중단되었을지는 모르지만, 여전히 중국의 한류 팬들은 한국 아이돌이 주인공인 수십만 편의 팬 픽션을 생산하고 있다. 그리고 여러 가지 불법 루트를 통해 인기 한국 드라마를 시청하고, SNS와 라이브 앱을 통해 스타들의 일상을 쫓고 있다. 일본의 만화를 기본으로 동아시아의 대중문화산업을 교차적으로 소비하며 한국 드라마, OST, 그리고 K-POP 의 세계로 빠져들어 온 유럽의 팬들도 마찬가지다. 이들은 테러 위험의 유럽과 트럼프가 증발시켜 버린 북미의 매력 그 너머에, '이국성'과 '역동성' 그리고 길거리를 걷다 자기가 좋아하는 아이돌을 만날 것 같은 '환상'을 제공하는 극동의 한국에 끌리고 있다. 이 또한 대중문화적 현상이 아니라 한류 팬들의 이상이자 현실이다.

한국정부는 한류의 지속성을 위해 이러한 팬덤 유지에 장기적으로 유용할 사업들을 적극 지원해야 할 것이다. 일례로 팬들의 소장문화에 부응하는 드라마 및 공연영상 등의 DVD/블루레이 제작 지원 사업을 들 수 있다. DVD/블루레이 제작은 초기 제작비가 높고, 장기적으로 진행될 시에만 수익이 보장되기에 민간기업이 전적으로 투자하기 쉽지 않은 분야다. 과거 정부가 한국 드라마의 수출을 위해 더빙 가능한 클린테이프 제작을 지원했듯이, 영어 및 기타 언어 선택이 가능한 DVD/블루레이에 한류 스타들의 인터뷰나 제작 코멘터리 등을 추가하는 일은 장기적인 차원에서 수익과 팬덤 유지에 기여할 것이다.

이것은 동일한 앨범을 아이돌 멤버별로 서로 다른 외장으로 패키징해 어린 팬들에게 장사하는 것과는 질적으로 다른 정책이다. 지나치게 상업적인 정책은 장기적으로 험한마저 자초할 위험이 크다. 반면, DVD/블루레이 제작은 전 세계 한류 팬덤의 불길이 지속됨에 있어 중요한 연료를 계속적으로 제공하는 것과 같다. 본래 열성 팬들은 자신들이 좋아하는 내용을 고화질로 반복 시청하기를 선호한다. 이것은 인터넷 라이브 앱으로 스타들과 소통하고, 그들을 직접 볼 수 있는 팬 미팅이나 콘서트를 가는 것만큼이나 중요한 팬 활동이다. 넷플릭스가 모든 콘텐츠의 제공을 스트리밍을 통해 대중문화적이고 패권적으로 접근하는 현 상황 속에서, 모순적이지만 팬덤의 DVD나 블루레이의 수요는 더 커질 것으로 예상할 수 있다.

셋째, 한국 대중문화산업이 '특수特需'라고 생각했던 중국 시장과 중국 자본의 영향에 대해 제고할 필요가 있다. 쪽대본과 촬영 시간의 압박 속에서 한국의 드라마 제작자들은 사전 전작제를 통해 드라마의 질을 확보할 수 있으리라고 믿어왔다. 중국과의 합작은 꿈꾸던 전작제와 넉넉한 제작비를 선물처럼 가져다주었다. 하지만, 그 결과는 씁쓸한 것이었다. 스타 배우들의 출연료 상승 등 제작비의 문제를 차치하더라도, 한국의 드라마 제작이 중국 시청자들의 '입맛'을 사전에 고려해야 하는 반면, 한국 시청자들과는 격리되는 불편한 상황에 처한 것이다.

한국 드라마의 경쟁력은 종사자들을 피 말리게 하는 지상파 방송 3사 간의 프라임 시간대 정면 대결을 통해 장기적으로 형성된 것이다. 그리고 한드, 미드, 혹자는 일드까지 시청하며 형성된 한국 시청자들의 '엄격한' 눈높이는 스타 배우 출연으로는 쉽사리 상쇄되지 않는, 그 이상의 탄탄한 스토리텔링과 연출을 끊임없이 요구했다. 이에 드라마 제작진은 드라마가 제작 방영되고 있는 와중에 시청자의 요구를 계속적으로 수용하는 방향으로 드라마의 내용을 조정해 왔었던 것이다. 아이러니하게도 시청자의 반응과 격리되었던 다수 전작제의 성과를 통해 한국의 드라마 종사자들은 이 사실을 뼈저리게 경험하게 되었다. 실례로 국내외에서 공전의 성공을 거둔 한중 동시방송 전작제인 〈태양의 후예〉는 재미를 보장하는 전형적인 장면들로 채워졌다. 하지만 그 이후 전작제의 성공 소식은 부재하다. 시청자와의 호흡을 기반 삼아 드라마를 건설한 〈응답하라〉 시리즈의 성공과 많은 제작비에도 시청률 한 자리를 기록하며 고전한 전작제 〈사임당, 빛의 일기〉가 두 제작법의 차이를 명철하게 보여주고 있다. 더 나아가 중국 시청자가 사랑하는 것이 위에서 말한 국내 경쟁 체계를 거친 한국 시청자의 입맛이 반영된 한국 드라마인지, 아니면 한국 제작자들이 생각하는 '중국 시청자들의 취향'인지도 반문해 볼 필요가 있다.

할리우드는 시장의 세계화를 통해 성장을 했고, 지금도 세계 시장을 목표로 삼아 작품을 제작하고 있다. 이에 반해 중국은 국내 시장만으로도 세계 최고가 될 수 있는 자족적 시장을 갖춘 국가다. 또한 중국이야말로 소프트 파워론을 앞세워 세계 시장에서 향후 미국과의 콘텐츠 경쟁에 적극 임할 것이다. 이는 이미 할리우드 스타를 기용한 블록버스터 영화 제작에서 그 의도를 충분히 보이고 있다. 때문에 한국의 대중문화산업은 좋던지 싫던지 중국 시장 옆에서 봉사하거나, 동반하거나, 활용하며 성장할 수밖에 없을 것이다.

예컨대 한국의 문화산업은, 일본이 만들어놓은 만화 기반의 탄탄한 문화 간 고속도로 위를 질주하는 한국산 신차 모델이었다. 그러나 지금은 중국의 입맛에 온전히 물들어 중국 내수에 부응하는 데 머물 것인지, 아니면 수용자의 참여에 기반을 둔 북미의 컨버전스 이론과 비견될 만한 전 세계 한류 수용자의 적극성을 수용한 독특한 형태의 컨버전스 문화를 생산할지, 선택의 기로에 서 있다. 중국의 한류 팬들도 한국 제작진이 이해한 '중국 입맛'보다는 한국 대중문화산업이 독창적으로 만드는 동아시아 대중문화의 한류 컨버전스를 더 사랑할 것이라고 믿는다.

제2부

사드를 둘러싼 문화 전쟁

* 본 장은 2016년 11월과 12월에 각각 진행된 소간담회(2회)와 세미나(1회) 내용을 정리한 것입니다.

프로젝트 참여자

곽영진(좌장)
現 한국문화산업교류재단 이사장
前 문화체육관광부 제1차관, 2018평창동계올림픽 부위원장 겸 사무총장, 문화체육비서관, 문화체육관광부 기획조정실장, 종무실장, 문화산업국장, 예술국장

고정민
現 홍익대학교 문화예술경영대학원 교수, 한국창조산업연구소 소장
前 삼성경제연구소 서비스산업 팀장, 삼성영상사업단 팀장
주요 저서: 『한류와 경영』(2016), 『창조지구, 문화 생산의 전위』(2009) 등

김윤지
現 한국수출입은행 해외경제연구소 연구위원(중소기업, 문화콘텐츠산업, 정책금융 담당)
주요 저서: 『박스오피스 경제학』(2016)

김정수
現 한양대학교 행정학과 교수
前 한국정책학회 편집위원장, 공공기관 경영평가위원, 문화체육관광부 자체평가위원

문효진
現 세명대학교 광고홍보학과 교수
前 한국문화산업교류재단 전문위원, 한류관광발전전략위원회 위원

배기형
現 KBS월드 PD(마케팅·콘텐츠 비즈니스 담당)
주요 저서: 『MCN』(2016), 『OTT 서비스의 이해』(2015), 『국제공동제작』(2015), 『다큐멘터리 피칭』(2015), 『텔레비전 콘텐츠 마켓과 글로벌 프로듀싱』(2012) 등

서병기
現 《헤럴드경제》 대중문화 선임기자, 한국음악산업학회 이사, 한국여가문화학회 이사

심상민
現 성신여자대학교 미디어커뮤니케이션학과 교수
前 언론진흥기금관리위원회 위원, 삼성경제연구소 수석연구원, 영화진흥위원회 부위원장

안석준
現 FNC애드컬쳐 대표
前 CJ E&M 음악부문 대표, CJ E&M 음악사업부문 본부장, 워너뮤직코리아 부사장

유승호
現 강원대학교 영상문화학과 교수, 카이스트 문화기술대학원 겸직교수
前 한국정보화진흥원, 한국콘텐츠진흥원, 한국문화관광연구원 재직
주요 저서: 『서열중독』(2015), 『코펜하겐에서 일주일을』(2013), 『당신은 소셜한가』(2012) 등

윤현보
現 KBS한류투자파트너스 부대표
前 시그널엔터테인먼트 부사장, SM 엔터테인먼트 팀장, HB 엔터테인먼트 본부장

이성춘
現 KT경제경영연구소 상무
前 한국방송개발원 연구원

임학순
現 가톨릭대학교 미디어기술콘텐츠학과 교수
前 한국문화정책개발원, 한국콘텐츠진흥원 재직
주요 저서: 『창의적 문화사회와 문화정책』(2003), 『문화예술교육사업과 파트너십』(2007), 『문화농촌, 창조농촌』(2015) 등

장병희
現 성균관대학교 신문방송학과 교수
한국언론학회 이사, 한국엔터테인먼트학회 이사
주요저서: 『영화 흥행 요인』(2015), 『미디어 경제학』(2015) 등

전형화
現 《머니투데이》 스타뉴스 영화팀장
前 스포츠투데이 기자, 2010년 영진위 아카데미 외국어영화상 한국후보작 선정 심사위원, 제2회 롯데엔터테인먼트 시나리오 공모전 심사위원

정명훈
現 FNC엔터테인먼트 부대표
前 KT뮤직 상무, BC카드 팀장

채지영
現 한국문화관광연구원 연구위원
前 도쿄대학 인문사회연구과 사회심리학 외국인연구원, 시즈오카현립대학 현대한국조선연구센터 객원연구원

사드, 그 이후의 한류

외교갈등의
볼모가 된 한류

한류 핵심 소비 시장
일본과 중국

> "
> 일본 시장이 가라앉고 중국이 부상하면서
> 중국을 위한 상품을, 중국 틀에 맞춰서 만들기 시작했다."
> "
>
> KBS월드 PD 배기형

한류 산업에서 가장 주요한 시장은 일본이었다. 일본에서의 한류는 구매력이 높은 40~50대 소비층을 중심으로 대규모의 각종 공연과 MD^{Merchandising} 상품, 고가의 드라마 DVD 등을 판매하며 성장하였다. 특히 일본의 강력한 저작권법 덕분에 방송과 음반 수출을 통해서 상당한 수익을 얻었다. 그러던 것이 아베 정권이 들어선 이후 한·일 간 정치적 대립이 심화되었고, 자연스레 중국이 한류의 최대 시장으로 부상했다.

하지만 중국은 일본과 달랐다. 충분한 구매력을 갖춘 일본의 소비층과 달리, 중국은 엄마 카드로 몰래 티켓을 구입해 콘서트에 오는 10~20대가 한류 팬덤의 주를 이루었다. 불법 상품들 또한 횡행했다. 정책적으로는 온갖 규제로 괴롭히면서 한국 기업들을 압박했다. 그동안 너무 중국 시장에만 의존했던 것이 결국 제 발목을 잡은 게 아니냐는 반성의 소리도 나오고 있다.

정명훈 _ 한류를 통해서 그나마 돈을 제일 많이 번 곳은 음악 산업이다. 그런데 현재 SM, YG, JYP 등 메이저 음악 회사들 매출의 70% 이상이 일본 시장에 의존하고 있는 실정이다. 한국에선 본전만 하는 정도고, 중국에서 매출 비율은 전체의 10% 정도밖에 되지 않는다. 여전히 일본은 한류에게 가장 중요한 시장이다.

그런데 일본의 전체 J-POP 시장에서 K-POP이 차지하는 비율이 약 5% 정도다. 예를 들면 일본의 10층짜리 타워레코드에 가면 그중 한 층 정도가 K-POP CD를 판다는 얘기다. 동방신기가 활동하던 때는 7% 정도까지도 올라갔던 것 같다. K-POP 시장 점유율 5%를 개척한 것은 SM의 '보아'였다. 이후 '욘사마'가 등장하면서 K-POP에 관심을 갖게된 구매력 높은 40~50대 여성 팬들이 5%를 떠받치고 있는 것이다. K-POP CD를 3장 정도 사고 1년에 한두 번씩 10만 원짜리 콘서트를 갈 수 있는 아주머니, 할머니들이 한류의 주요 수요자였던 것이다. SM, YG, JYP가 그들에게서 돈을 벌어 한국에서 가수를 만든 것이니, 사실 일본 시장이 없었다면 한국 음악 산업은 고사됐을지도 모른다. 그렇게 일본 음악 시장이 어렵게 열렸는데, 일본 주요 음반 유통업체인 '워너'나 '에이벡스' 같은 곳에선 한국 음악을 단순히 물건 정도로밖에 생각하지 않는다. 한국 음악은 일본 시장에서 음반 유통을 통해 돈을 버는 것이 아니고 공연을 이용해 돈을 번다. 일본 사람들은 콘서트 시장만 한국 사람에게 열어준 것이다. 그러니까 일본 콘서트장에서 춤추고 노래하고 티셔츠 팔아서 K-POP의 토양을 마련했다고 볼 수 있다.

일본 사람들은 물건이 비싸더라도 여러 개를 산다. 기업에게는 굉장히 좋은 소비자인 것이다. 그런데 중국 사람들은 다르다. 공연장에 가보면 거의 대부분 10~20대 여성들인데, 문제는 이들이 구매력이 없다는 것이다. 홍콩에서 MAMA 공연을 하면 중국 전역에서 10~20대 팬들이 티켓을 사서 몰려오는데, 어떻게 왔느냐고 물어보면 엄마 카드를 훔쳐 결제하고 온 경우가 비일비재하다. 중국 팬들은 돈이 없다. 돈이 없으니 구매를 하지 않는다. 더군다나 중국에서는 공연하는 것 자체가 쉽지 않다. 규제가 심하고 공연장에서 MD 상품 판매 수입을 낼 수도 없다. 일본에서는 전체 공연 매출의 40% 정도가 MD 매출이다. MD는 마진율도 상당히 높다. 그런데 중국은 불법인 블랙마켓이 판을 친다. 규모도 일본보다 훨씬 크다. 문제는 블랙마켓을 못 하게 하면 아예 공연 자체를 못 하게 막아버리기도 한다는 것이다.

윤현보 _ 드라마와 예능도 일본 시장이 굉장히 좋았다. 3~4년 전만 해도 일본에 판권이 굉장히 비싼 가격에 팔렸다. 그런데 아베 정권이 반한류 정책을 펼치면서 지상파 방송사에서 한국 드라마 방영이 금지되었다. 지금 일본에 유일하게 남아 있는 한류는 콘서트뿐이다.

방송 부문도 프로그램 판권뿐만 아니라 DVD 판매 실적도 아주 좋았다. 굉장히 고가임에도 불구하고 일본 아주머니 팬들은 비싼 DVD를 3~4개씩 구입했다. 배용준, 장근석 등 한국 배우들이 그러한 혜택을 많이 누렸다. 일본 시장이 어려워지면서 한국의 방송, 드라마 업계도 자금적으로 어려움을 느꼈다. 하지만 대안을 고민했기 때문에 지속적으로 국내에서 좋은 작품이 만들어지고 있는 것 같다.

배기형 _ 그동안 한류 사업이 너무 중국에만 집중했다. 일본 시장이 가라앉고 중국이 부상하면서 중국을 위한 상품을, 중국 틀에 맞춰서 만들기 시작했다. 〈태양의 후예〉 같은 작품도 결국 중국 자본이 투입돼 만들어진 것이고, 전체적인 스토리 진행과 더불어 송혜교가 캐스팅된 것도 결국 중국을 겨냥한 것이다. 그런데 그게 중국에서 엄청난 인기를 얻은 것이다.

하지만 최근 사드 사태로 한국 드라마에 대한 심의가 계속 미뤄지고만 있다. 갑갑한 노릇이다.

그러나 여전히 중국 시장은 중요하다. 왜냐면 거대한 중국 시장을 통해 규모의 경제를 실현할 수 있을 뿐만 아니라 한류 콘텐츠와 연관된 파생 상품 산업이 거대하기 때문이다. 한국 드라마 안에서 노출되는 화장품, 의류, 식음료, IT 제품, 자동차 등 소비재 제품들의 판매가 급증하자 중국 시장의 많은 광고주들이 한국 드라마 PPL Product PLacement에 관심을 갖게 되었다. 투자 계기를 마련해 준 것이다. 그러면서 자연스레 한국 콘텐츠의 판권 또한 높은 가격으로 매겨져 팔리게 되었다.

윤현보 _ 〈별에서 온 그대〉가 중국 동영상 플랫폼에서 30억 뷰가 넘는 인기를 끌었다는 사실보다도, 그 드라마에 노출됐던 제품들이 엄청난 규모의 판매로 이어졌다는 것이 더욱 중요하다. '전지현 립스틱'이 완판되고 드라마에 나온 많은 PPL 상품들이 큰 인기를 얻으면서, 한국을 찾은 중국 관광객들의 상품 구매로까지 이어지는 효과가 있었다. 중국 시장의 많은 광고주들이 한국 드라마에 PPL 투자를 하게끔 계기를 만들어준 것이다. 그로 인해 한국 드라마 판권이 비싼 가격에 거래되는 시장이 형성된 것이다. 화장품 산업이 이를 주도했고, 패션 업계도 드라마와 연계해 중국으로 상품을 수출하는 계기를 만들었다.

드라마 업계 입장에서 최근 중국 시장과의 관계 악화로 사전 제작에 대한 투자 확보가 어려워진 것이 가장 큰 타격이다. 하지만 한국 드라마가 중국에만 팔리는 것은 아니기 때문에 전 세계 시장을 대상으로 다양한 판로를 찾으려고 노력하는 중이다.

국내 콘텐츠 산업 주요 수출국, 일본과 중국

○ 2015년 기준 전체 콘텐츠 산업 수출액은 약 55억 달러이며, 이 중 중국이 약 15억 달러27%, 일본이 약 14억 달러26%로 두 국가가 전체 수출액의 절반가량 53%을 차지

콘텐츠 산업 지역별 수출액 현황   단위: 천 달러

구분	중국	일본	동남아	북미	유럽	기타	합계
2013	1,305,799	1,455,837	931,281	519,103	348,840	189,433	4,750,293
2014	1,341,225	1,597,467	957,428	511,420	311,340	398,489	5,117,369
2015	1,450,707	1,398,492	799,987	884,395	553,289	375,588	5,462,458
비중(%)	27	26	15	16	10	7	100
전년대비 증감율(%)	8	-12.5	-16.4	72.9	77.7	-5.7	6.7
연평균 증감율(%)	5	-2	-7.3	30.5	25.9	40.8	7.2

출처: 한국콘텐츠진흥원(2017), 2016 콘텐츠산업 통계조사

드라마 <별에서 온 그대>와 <태양의 후예>의 경제적 파급효과

○ 드라마 <별에서 온 그대>로 인해 발생한 국내 광고 및 해외 매출의 총 매출액이 약 5,303억 원 정도일 때, 이로 인한 국내 생산유발효과는 약 1조 110억 원, 부가가치 유발효과는 약 4,151억 원, 취업유발효과는 10억 원당 1만 1,635명 정도의 파급효과 예상
　- 프로그램 수출은 약 3,324백만 원, 광고비는 6,857백만 원, 관련 상품의 수출액은 54,955백만 원, 관광 수입은 465,164백만 원으로 추정

드라마 <별에서 온 그대> 업종별 예상 매출액
단위: 백만 원

산업분류	프로그램 수출	광고	관련 상품 수출	관광	계
음식료품	-	-	3,695	73,744	77,439
섬유 및 가죽제품	-	-	4,172	-	4,172
전기 및 전자기기	-	-	47,087	-	47,087
도소매 서비스	-	-	-	198,719	198,719
운송 서비스	-	-	-	24,010	24,010
음식점 및 숙박 서비스	-	-	-	125,973	125,973
정보통신 및 방송 서비스	3,324	6,857	-	-	10,180
문화 및 기타 서비스	-	-	-	42,719	42,719
합계	3,324	6,857	54,955	465,164	530,300

드라마 <별에서 온 그대> 경제적 파급효과
단위: 억 원, 명/십억 원

구분	총 매출액	생산유발	부가가치유발	취업유발
금액	5,303	10,110	4,151	11,635

출처: 한국문화관광연구원(2014), 드라마 '별에서 온 그대'의 경제적 파급효과

○ 드라마 <태양의 후예> 관련 소비재 및 한류관광 수출액 1,480억 원, 자동차 수출액 1,500억 원 포함 총 간접수출액은 2,980억 원이며, 이를 통한 생산유발액 6,019억 원 외에 드라마를 통한 직·간접 광고 효과까지 감안하면 총 수출 효과는 약 1조 원 이상으로 추정

- 중국 400만 달러, 일본 160만 달러 외에 대만, 홍콩, 필리핀, 베트남 등 아시아 지역, 미국, 영국, 프랑스, 이탈리아 등 유럽 지역 포함 32개국에 수출, 판매액은 약 100억 원 추정

드라마 <태양의 후예> 경제적 파급 효과
단위: 억 원, 명/십억 원

구분		수출액	생산유발	부가가치유발	취업유발
직접수출	한류 콘텐츠 수출	100	169	86	151
간접수출	관련 소비재 수출	233	374	71	196
	한류 관광수입	1,247	2,037	1,118	2,852
	자동차 수출	1,500	3,438	762	1,320
	소계	2,980	5,849	1,951	4,369
합계		3,080	6,019	2,037	4,520

출처: 한국수출입은행 해외경제연구소(2016), 드라마 '태양의 후예' 수출 파급 효과

사드, 그 이후의 한류

압도적인 중국 문화산업 규모
거대 자본의 득과 실

전문가들은 전 세계가 중국 시장에 촉각을 곤두세우는 가장 큰 이유로 '자본'을 꼽았다. 한류도 예외는 아니었다. 최근 몇 년간 한류 관련 산업에 대한 중국의 자본 투자가 집중되었다. 중국 입장에서는 이러한 투자가 그다지 큰 규모가 아니다. 애초 중국과 한국의 경제 및 시장 규모가 전혀 다르기에, 한국에서 10억 원 투자하는 분야에 그들이 150, 200억 원 투자한다고 해도 수지타산을 맞출 수 있기 때문이다.

이제 해외 시장에서 10억 원짜리 한류 콘텐츠로 200억 원짜리 중국 자본과 경쟁해야 하는 기막힌 상황이 불가피해졌다. 거대 자본에 힘입어 연예인들의 출연료 또한 천정부지로 솟구쳤다. 거대 자본에 힘입어 한류스타의 출연료와 유명 제작자의 몸값도 천정부지로 솟구쳤고 중국행을 결정한 한국 제작인력들은 날로 늘어만 갔다.

윤현보 _ 중국이 무서운 이유는 자본 때문이다. 중국 입장에서 한국 업체에 투자한 금액은 크지 않다. 중국 대기업들은 이미 할리우드에 자본을 투자해 상당 수준의 지분을 사들이는 수준이고, 중국의 영화 시장 박스오피스만 봐도 이미 미국 영화 시장 규모를 능가하고 있다. 때문에 규모가 작은 한국의 영화, 드라마 시장을 중요하게 생각하지 않을 수도 있다.

반면 우리에게 중국은 너무도 큰 시장이다. 한국이 일본 음악 시장의

5%를 점유해 수백억 원 규모의 수익을 거두는데, 중국에서는 그 정도만 차지해도 수천억 원 규모이다. 이 거대 시장에 어떻게 진출해야 할지 고민해야 할 상황에 직면했다.

고정민 _ 우리나라에서 드라마 한 편 만드는 데 10억 원이 들었다면, 중국은 거기에 150억, 200억을 들여도 타산이 맞는다고 한다. 이에 한국의 10억 원짜리 드라마가 중국의 200억 원짜리 드라마와 글로벌 마켓에서 경쟁을 해야한다. 중국 자본의 스케일, 이것이 진짜 무서운 것이다.

서병기 _ 출연료가 우리 드라마와는 전혀 다른 것인가?

고정민 _ 다르다. 시장이 다르기 때문에 출연료 수준도 차이가 있다.

심상민 _ 최근 6년간 중국이 판교 벤처밸리나 우리나라 게임회사에 투자한 자본이 3조 원에 이른다고 한다. 막 질렀다. 2015년 리커창李克强 총리가 방한했을 때도 완다, 텐센트 등 중국의 대형 자본들이 엄청 들어왔다고 한다. 이렇게까지 자본을 투자해 놓고 지금에 와서 책임지지 못하겠다는 것이 솔직히 이해가 안 된다.

차이나머니의 국내 콘텐츠 산업 유입

○ 2016년에도 중국 기업들의 여러 국내 콘텐츠 기업에 대한 투자 활발
- 국내 연예기획사 1위 업체인 SM엔터테인먼트가 알리바바에게서 약 350억 원을, 2위 업체인 YG엔터테인먼트는 텐센트, 웨잉으로부터 약 1,000억 원이라는 사상 최대 규모의 자본 유치. 국내 콘텐츠 업체들의 시가 총액이 그리 크지 않기에 해당 공시에 따라 주가는 큰 폭의 상승 기록. 특히 화이브라더스구 심엔터테인먼트나 판타지오의 경우 약 2~4배까지 주가 상승
- 국내 업체들은 중국의 거대한 네트워크 및 자본력을 활용해 안정적인 제작 환경 및 콘텐츠 수출을 기대할 수 있고, 중국 업체들은 국내업체들의 뛰어난 콘텐츠 제작 시스템을 배우고 활용할 수 있다는 점에서 시너지 효과 예상

2016년 중국 자본의 한국 문화콘텐츠 기업 직접투자 현황

투자 기업	대상 기업	산업 분야	투자액	시기	비고
알리바바	SM엔터테인먼트	방송연예	355억 원	2016.02	4.0%
화이브라더스	HB엔터테인먼트	방송연예	421억 원	2016.03	30.0%
	심엔터테인먼트	방송연예	228억 원	2016.03	30.4%(최대 주주)
상히이SPC	스리비디	음악	100억 원	2016.03	10.3%(최대 주주)
펀게임	웹젠	게임	2,039억 원	2016.03	19.2%(2대 주주)
금성투자그룹	판타지오 엔터테인먼트	방송연예	300억 원	2016.10	27.6%(최대 주주)

출처: 각종 언론보도 참고·정리

중국 드라마 및 예능 프로그램 제작비 현황

○ 2015년 기준, 중국 드라마 회당 평균 제작비는 약 3억 원190만 위안으로 매년 3~5%씩 상승 중
- 중국 드라마 제작비 상승 배경에는 위성TV와 온라인 동영상 서비스 시장

에서 콘텐츠 확보 경쟁이 치열한 가운데 드라마 장르에 대한 선호도가 높아 외부 투자자금이 드라마 시장에 유입되었고, 유명 스타배우 출연료 급증이 주효

- 중국 드라마 출연료는 국내 대비 2~5배가량 높음. 인지도 높은 국내 배우들의 한국 드라마 출연료가 미니시리즈16~20회 기준으로 10~15억 원 수준인 반면, 중국 드라마 출연료는 60억 원 이상

○ 예능 프로그램 또한 한국의 경우 회당 제작비가 평균 1억 원 미만인 반면 중국은 약 7~8억 원 수준

- 프로그램 제작원가의 상당수는 출연자/MC 출연료이나, 이와 같은 양국 간 제작비 차이는 예능 프로그램의 광고수익 사이즈에 기인한다고 볼 수 있음. 즉 중국의 경우 드라마와 달리 예능 프로그램에 메인 스폰서의 브랜드명을 프로그램 제목에 삽입해 주는 '관명광고'가 존재함

- 중국판 <아빠! 어디가?> 시즌 2의 경우, 메인스폰서 입찰에서 한 업체가 한화로 약 543억원을 지불하고 낙찰된 바 있음. 물론 앞서 시즌 1이 크게 성공을 거두었기에 가능한 일이지만, 단 20회짜리 프로그램에 단일 회사의 스폰서 액수임을 감안하면 기존 한국 시장 환경에서는 상상하기 힘든 수준이라 할 수 있음

출처: 한국콘텐츠진흥원(2014), 중국 콘텐츠산업의 성장과 대응 전략(방송)
키움증권(2016), 한국 드라마 산업 재평가 받을 시기

> "
> 회사 입장에선 그 돈 못 받으면 당장 부도가 납니다.
> 산업 경쟁력 약화를 걱정할 한가한 상황이 아니라는 겁니다.
> "
>
> – FNC엔터테인먼트 부대표 정명훈

중국이 무서운 것은 일본처럼 한국 상품을 소비하는 것에 그치는 것이 아니라, 우수 한국 기업을 통째로 집어삼키는 데 관심이 많기 때문이다. 국내 엔터테인먼트업계 종사자들은 이러한 상황을 파악하고 있으면서도 생존을 위해 물밀 듯 쏟아져 들어오는 투자를 그저 받아들일 수밖에 없다고 한다.

정명훈 _ 명확한 것은, 중국 사람들이 우리 물건에 관심이 있는 게 아니라 처음부터 우리 회사를 인수하려는 데에 목적이 있다는 점이다. 최근 3년 동안 많은 중국 자본이 한국 엔터테인먼트 산업으로 유입됐는데, 이들은 투자한 한국 회사의 매출을 증가시키는 일에는 관심이 없고 오로지 회사의 지분 투자와 자산 평가를 높이는 일에만 신경을 쓰고 있다. 그나마 그러한 행위들도 최근 수그러든 기세다.

우리 회사의 경우도 이사회 멤버 중 두 명이 중국 사람이다. 중국의 투자를 받았고, 그래서 2대 주주가 중국 자본이다. 오히려 글로벌 회사라고 보는 게 맞다. 말 그대로 지분 20%가 중국 거다. 또한 200억 원 규모의 JV_{Joint Venture, 합작회사}가 상하이에 만들어졌다. 특히 2015년 리커창 총리가 방한했을 무렵에는 1~2개월의 짧은 기간 동안 큰 액수의 차이나머니가 한국으로 쏟아져 들어왔다.

심상민 _ 하지만 광고 수입이나 이익을 추가할 게 거의 없을 것이다.

전형화 _ 어차피 그쪽에서 다 총괄할 것이다.

정명훈 _ 우리가 중국으로부터 수익배분_{Revenue Share}을 받은 사례가 없다. 우리도 미국 영화를 수입해 오면서 수익배분을 미국에 해준 사례가 없으니까, 그들도 우리와 똑같이 하는 것이다.

중국 자본이 가지는 의도에 대한 다른 해석도 있다. 중국이 우수한 한국기업 자체를 인수하려는 의도보다는, 가성비 좋은 한류 콘텐츠를 이용해 중국 시장에서 더 큰 수익을 얻기 위한 투자라는 것이다.

고정민 _ 중국이 한국에 투자를 한 이유는 관련 산업을 M&A를 통해 장악하겠다는 의미가 아니다. 투자를 해서 콘텐츠를 가져가 중국 시장에 뿌리겠다는 것이다. 한국에서 10억의 이익을 얻었다면 중국에서는 이 콘텐츠를 가지고 10배, 100배의 이익을 낼 수 있는 것이다. 중국의 빈약한 창의성을 한국 콘텐츠로 커버하겠다는 것이다. 시장 규모가 엄청난 차이가 있기 때문에 이 부문만큼은 시장 논리가 충분히 적용된다고 보는 것이다.

심상민 _ 그렇다면, 지금의 상황은 중국이 소기의 목적을 달성했다고 여겨도 무방한 것인가?

고정민 _ 2016년에도 4~5건가량 중국의 한국기업 투자가 추진되었다. 사드 여파로 약간 쉬어가는 것 같기는 하지만 꾸준히 이어지고 있는 것이다. 텐센트 같은 경우, 한국 기업 때문에 컸다고 해도 과언이 아니잖은가.
중국의 약점은 창의성이 없다는 것이다. 사회주의 국가이기 때문에 모든 게 심의에 걸린다. 그렇기에 빈약한 창의성을 한국에서 얻어가는 것이다. 이 창의성을 한국 기업에 대한 자본 투자를 통해 하나씩 빼가는 것이다. 우리로서는 참 안타까운 일이다. 중국 입장에서 볼 때, 한국의 어느 콘텐츠에 10% 쯤 투자하는 것은 돈도 아닌 것이다. 콘텐츠 부문은 규모의 경제가 확실하게 적용되기 때문에 자본 논리, 시장 논리에 완전히 휩쓸리게 되어 있다.

심상민 _ 그렇다면 지금은 일시정지 상태로 봐야 하는 것인가?

고정민 _ 그렇다. 지금도 투자를 하고는 있다. 우리 문화콘텐츠 산업 입장에서 중국이 굉장히 큰 위협이기는 하지만, 반대로 그 위협을 기회로 삼을 수도 있다. 우리는 어차피 조그만 나라이니까 어쩔 수가 없는 거다. 중국이라는 큰 덩치가 변화하면 거기에 우리도 어떻게든 적응해서 살아남아야 한다. 지금도 한 단계 위기 상태에 놓여 있다. 이럴 때 우리가 어떻게 적응할 것인지 고민해야 할 것이다.

중국의 한한령
합작도 인력진출도 해답은 아니었다

최근 한·중 동시 방영으로 기획된 SBS 드라마 <사임당 빛의 일기이영애 주연, 이하 사임당>가 중국의 심의 지연으로, 촬영을 마친 지 1년이 훌쩍 넘은 2017년 1월에, 그것도 한국과 일본에서만 방영되었다.

문제는 한·중 동시 방영이 불발될 시, 콘텐츠의 제값 받기가 점점 힘들어진다는 것이다. 한국에 방영되는 순간 인터넷을 통해 불법 복제된 영상이 실시간으로 퍼지게 되고, 혹시 나중에 수출이 된다 하더라도 유통 단가는 크게 떨어지게 된다. 이는 단지 <사임당>만의 문제가 아니다. <푸른 바다의 전설전지현, 이민호 주연>또한 한·중 동시 방영이 불허되면서 결국 한국에서 먼저 방영되었다. 방영 직후 온갖 불법 경로를 통해 중국 내에도 유통되었고 엄청난 인기를 끌었다. 심의 문제를 쉽게 해결하기 위해서 한·중 합작 방식으로 가야 한다는 의견이 있다. 그러나 한한령 앞에서 합작이 과연 실질적인 해결책이 될 수 있을지 의문이 드는 상황이다.

그렇다고 한국 인력이 중국에 진출하여 콘텐츠를 제작하는 것 또한 마땅한 해결 방안은 아닌 것 같다. 중국에서 제작하면 중국 콘텐츠가 되니 심의는 쉬워지겠지만 문제는 콘텐츠의 정체성과 가치다. 더구나 최근 중국에 진출한 인력도 다시 귀국하는 추세이며, 중국 내에서의 제작 또한 쉽지 않은 상황이라고 한다. 마치 과거에 한국이 일본의 기술자들을 데려와서 기술력을 높였던 것처럼, 중국에서 엄청난 흡수력으로 한국 인력들의 노하우를 습득하고 있다는 것이다.

김윤지 _ <사임당>은 수출입은행 지원이 조금 들어간 작품이라 계속 모니터링을 하고 있었다. 중국이랑 동시 방영하는 것을 전제로 은행에서 자금을 받아간 것인데, 동시 방영을 못 하고 1월에 한국과 일본에서만 방영된다고 한다. 중국 수출은 물 건너간 거라고 보면 된다. 우리나라에서 방영하는 순간 바로 중국에서 불법 복제해서 인터넷에 뜨게 되니까, 정식 수출은 힘들어진다. 수출이 되더라도 가격이 굉장히 떨어지게 될 것이다.

한한령으로 한·중 동시 방영이 불발된 <사임당 빛의 일기>

심상민 _ 전지현이 출연하는 〈푸른 바다의 전설〉 같은 경우는 벌써 '디렉터스 컷director's cut, 감독판'이 나오고 있다. 이러면 국내용으로밖에 방영할 수 없는 상황이 된다. 손실이 엄청날 수밖에 없다.

김윤지 _ 방영 불가도 아니고 그냥 심의를 계속 미뤄버리니까, 될 수 있다는 것인지 없다는 것인지 기약도 없다. 중요한 것은 이런 상황을 미연에 방지하기 위해 합작으로 간 건데, 합작을 하면 이 모든 문제를 풀 수가 있다고 예상한다. 하지만 이젠 합작도 소용없게 되어버린 것이다. 이렇게 되면 앞으로 한중 합작은 더욱 힘들어질 것이다.

심상민 _ 합작도 힘들 것이다. 중국의 심의를 통과하려면 한국적인 요소를 다 빼야 되니까.

김윤지 _ 중국 쪽에선 투자마저 중단할 수밖에 없는 상황이 된 것 같다. 생각보다 상황이 심각하다는 얘기다.

심상민 _ 기존에 중국에 진출한 인력들도 최근 다시 귀국하는 추세라고 한다. 이는 인력을 축출시키는 것과 다를 바 없다.

고정민 _ 중국 입장에선 노하우를 어느 정도 습득했으니까 더 이상 필요 없다고 생각하는 측면도 있는 것 같다. 우리도 예전에 일본 기술자들을 데려와 쓰고선 어느 정도 기술 수준이 올라가니까 더 이상 일을 맡기지 않아서 그들이 다시 일본으로 돌아가던 때가 있었다. 그때와 똑같은 현상을 우리도 겪고 있는 것이다.

심상민 _ 지금 세계 1위 게임업체가 중국 '텐센트'다. 미국의 '라이엇 게임즈'를 인수했기 때문에 중국의 업체가 1위가 된 것이다.

고정민 _ 텐센트가 맨 처음 등장했을 때, 중국 온라인 게임의 시장 점유율을 보면 한국 게임이 95%를 차지했었다. 이것이 서서히 줄어들기 시작해 지금은 거의 없다. 아이러니한 것이 예전에 중국의 휴대폰 시장도 외국산이 95%를 차지했지만 지금은 자국 내 기업으로 다 넘어갔다. 어떻게 보면, 이것이 중국의 전략인 것 같다. 외국 기술을 이전받아서 국내 시장을 바탕으로 기업을 키우는 것이다. 그러다 세계적인 기업으로 어느새 성장하는 것이다. 미국은 해외 시장에 의존하지 않으면 세계적인 기업이 될 수 없는데, 중국은 내수만 가지고도 그게 가능하다.

사드 이슈 이전, 한·중 간 방송 콘텐츠 시장 진출 및 협력 유형

○ 최근 몇 년 동안 한·중 간 문화 교류는 "국내 핵심 제작 인력의 중국 진출"이나, '중국의 자본 참여 확대를 통한 한·중 공동제작'이 주였음

사드 이슈 이전, 한·중 간 방송 콘텐츠 시장 진출 및 협력 유형

구분	사례
국내 핵심 제작 인력의 중국 진출	- 장태유 PD: <별에서 온 그대> - 신우철 PD: <시크릿 가든>, <구가의 서> 외 20여 명 제작진 - 표민수 PD: <풀하우스> - 전기상 PD: <꽃보다 남자> - 김영희 PD: <이경규의 몰래카메라>, <느낌표>, <나는 가수다> - 김남호·이병혁 PD: <무한도전>, <라디오스타> - 이민호 PD: <위대한 탄생> - 홍미란·홍정은 작가: <최고의 사랑>

중국 자본 참여 확대를 통한 한·중 공동제작	- SBS+절강위성방송: <달려라 형제> - 팬엔터테인먼트+절강화책미디어그룹(150억 원 투자): <킬미 힐미> - 콘텐츠K+람해화이형제엔터테인먼트: <연애쇼> 등 - 문와쳐+차이나필름애니메이션: <레전드 히어로> - SM C&C+유쿠·투도우: <슈주M의 게스트하우스> - CJ E&M+탄루루·쥐허미디어: <남인방 2> 40부작 - 비전TV+중국NEATV: <탑플레이어> - 삼화네트웍스+골든유니버셜미디어: <봉신연의> 55부작 - 그룹에이트(드라마제작사)+홍콩엠피리엔터테인먼트(150억 원 투자): <사임당 빛의 일기> - 초록뱀미디어: <오 나의 귀신님>(중국 자본 100%) - 아우라미디어+후난망고오락유한공사(후난TV의 자회사): <지인단신 재일기> 24부작

출처: 한국문화산업교류재단(2016), 『한류나우 봄호』

사드 이슈 이후, 한·중 간 방송콘텐츠 교류·협력 중단 유형

○ 한·중 동시방영 심의 지연 및 중단
   - 드라마 <푸른 바다의 전설> 중국 수출 불발, <사임당, 빛의 일기> 심의 지연으로 중국 후난위성TV 동시방영 취소
   - 드라마 <화랑>의 경우 중국 LETV와 회당 최고가로 동시방영 계약을 진행해 화제를 모았으나, 3화 방송부터 동시방영 중단

○ 한류 스타 콘서트·팬미팅 취소 및 무기한 연기
   - 배우 김우빈, 수지, 이준기 등 중국 팬미팅 및 프로모션 잇달아 취소

○ 한국 콘텐츠 표절 및 공동제작 결렬
   - 2014년부터 중국 저장위성TV와 한국의 SBS가 공동제작한 중국판 <러닝맨>인 <달려라 형제>는 2016년에 시즌 4까지 제작되며 높은 인기를 자랑했었음. 하지만 최근 시즌5 제작에 돌입하면서 돌연 프로그램 명칭을 <달려라>로, 영문 이름 역시 '런닝맨Running man'을 '킵 러닝Keep Running'으로 바꾸며 SBS와의 공동제작도 거부한 것으로 알려짐. 중국 후난위성TV의 <나는

가수다> 또한 프로그램명을 <가수>로 명칭만 탈바꿈하는 등 중국 방송사들의 행태가 도를 넘고 있는 상황임
- 관계자에 따르면 "중국 방송사는 프로그램에서 한국적 요소를 뺐다고 주장하면서 저작권료 지급이나 수익 배분을 하지 않는다"고 전해 저작권을 둘러싼 양국 간 갈등의 불씨를 지피고 있음

사드 이슈 이후 프로그램 명칭이 바뀐 중국판 <런닝맨>

이 또한 지나가리라 VS 기다리다가 지친다

> "
> 질질 끌며 심의를 안 해준다든가,
> 문제가 있으니 좀 기다려보자는 식으로 3~4년씩 끌어대면
> 실제 그 콘텐츠의 해외 진출 가능성은 없다고 봐야겠지요.
> "
>
> – 한국수출입은행 해외경제연구소 연구위원 김윤지

한류에 대한 소비가 당장 사라지지 않을 것이라는 의견에 모두 동의하는 만큼, 현재의 중국 정책 또한 일시적일 수 있다는 의견이 제시되었다. 사실 한한령, 금한령이란 명칭만 새로이 붙었을 뿐, 이전에도 중국 정부는 자국의 문화나 사상 보호 등의 명목으로 해외 콘텐츠를 계속적으로 규제해 왔다. 이번 규제의 강도가 조금 더 강력할 뿐, 그간 한류에 대한 단계별 조치가 항상 있어 왔다는 것이다. 그렇기 때문에 우리가 어떻게 하든 한·중 관계는 지속될 것이라는 긍정적인 전망을 일부 전문가들이 내비쳤다. 반면, 전 세계적으로 강해지고 있는 보호무역주의에 대한 흐름이 중국의 한류 규제 현상을 더욱 지속시킬 것이고, 결국 한류는 재기불가의 치명상을 입게 될 수도 있다는 우려 또한 제기되었다.

서병기 _ 어찌 됐거나 중국과의 관계는 계속 이어져야 한다. 중국 창사

長沙에 있는 '후난TV'를 여러 번 가본 적이 있다. 사실 황치열이란 스타를 만들어낸 곳이 후난TV다. 후난 TV는 최근 몇년간 〈아빠! 어디가?〉, 〈나는 가수다〉, 〈보이스 오브 코리아〉 등 한국의 여러 예능 포맷을 사들여와 방영했다. 그의 파트너가 MBC였다. 지금 상황이 어렵더라도 파트너 관계를 유지하면서 계속해서 관계를 이어가야 한다. 중국 사람들은 심의만 조금 더 기다리면 되지 않겠냐고 굉장히 긍정적으로 이야기한다. 본래 이런 단계별 조치는 항상 있어 왔고 이번에 조금 강도가 세다는 것의 차이뿐이라는 것이다.

심상민 _ 예전에도 있어 왔다고 하지만 이번에는 받아들이는 충격이 셀 수밖에 없는 것이 트럼프 때문이다. 미국에서 트럼프가 대통령으로 당선되고 나서 세계가 고립화로 치닫는 것 같다. 중국의 한류 역시 영향을 받지 않을 수가 없다. 불행하게도 이런 현상이 갈수록 더 확장되고 있다.

김윤지 _ 아마도 올해는 전 세계적으로 보호무역주의에 대한 흐름이 굉장히 강해질 것 같다. 미국도 그렇고, 영국도 마찬가지로 다 자기네 나라 살리기에 정신이 없을 것이다.

심상민 _ 한류가 휙, 날아갈 것 같아 걱정스럽다.

김윤지 _ 사실 걱정스러운 것은 비관세 장르에서 취하는 그들의 태도일지도 모른다. 잘 표시나지 않게 은근히 심의를 안 해준다든가, 이것은 문제가 있으니까 좀 기다려보자는 식으로 3~4년씩 질질 끌어대면 그냥 끝나버리는 것이다. 요즘은 그런 식으로 많이 하고 있어서, 중국 문제를 잘 풀어가는 것이 여러모로 굉장히 중요하다.

자국문화 보호정책의 확대
자생적 한류 수요는 안전한가?

> "
> 우린 콘텐츠가 직접 서비스되어야 하는데
> 외국 현지 미디어에서는 이를 한 번 걸러내지요.
> 사람들은 결국 아이치이, 유튜브 등의
> 외국 온라인 유통 플랫폼을 통해 계속 볼 거예요.
> 수익 실현이 어려운 구조가 된 겁니다.
> "
>
> – 문화관광연구원 연구위원 채지영

어릴 때부터 중화인민공화국의 위대함을 끊임없이 교육 받으며 자신들이 곧 세계 문화와 경제의 중심임을 믿어 의심치 않는 나라 중국. 그렇게 살아온 중국인들이 한류를 접하면서 새로운 문화에 눈을 뜨고 한국 문화에 열광하게 되었다. 좋아하는 K-POP 아티스트의 음악을 듣고 콘서트를 직접 관람한다. 또한 한국 드라마를 보고 여배우의 스타일을 닮고자 옷과 화장품을 구매한다. 그러나 이제 중국 정부는 한류를 막으려 한다. 중국 국가 정책은 그야말로 '절대적'이다. 그렇다면 중국에서 한류는 더 이상 무리인 것일까?

아마 그렇지는 않을 것이다. 한류라는 것이 우리가 전파하고자 해서 전파되는 것이 아니라, 각 나라의 수요에 의해 창출된 것이기 때문이다. 위에서 그 어떤 정책을 내린다고 해도 하루아침에 그 수요가 사라지지는 않을 터이다. 그렇다고 해서 아무런 대응 없이 넋 놓고 있어도 되는 것일까? 앞으로도 변함없이 중국 팬들이 로열티를 지급하면서 한류 콘텐츠를 소비해 줄 것인가?

임학순 _ 정치적인 부분과 문화적인 부분, 산업적인 부분이 다를 수 있다. 한국 정부가 사드를 받아들였을 때 중국 사람들이 한국 문화 소비를 안 하느냐, 아마 그렇지는 않을 것이다. 중국 사람들은 정부가 어떤 정책을 내놓아도 여전히 그래도 한국 관광을 올 것이고 한국 문화상품을 소비할 것이다. 수요가 있는 한 시장은 지속적으로 존재할 수밖에 없다.

중국도 전 세계를 향해서 문화 강국을 지향해 나아갈 텐데, 결국 문화의 다양성을 인정하고 시장을 개방할 수밖에 없다. 그렇기 때문에 지금의 한중 간 악화된 정치적 상황을 지속시킬 것인지, 문화 사회적인 측면뿐만 아니라 여타 산업까지도 막으려고 하는 것인지 아직은 명확치 않아 보인다.

채지영 _ 문화적인 측면에서 중요한 것이 해당 국가의 대중매체 움직임이다. 일본의 경우 우경화된 이후에 일반 대중매체에서 한류 보도가 확연하게 줄어들었다. 물론, 한류를 소비하는 소비층은 계속 남아 있는데도 말이다. 'NHK'나 '후지TV' 같은 지상파 방송사에서 한국 드라마 방영 횟수를 줄이는 것이 아니라, 아예 방영 자체를 하지 않겠다고 발표를 했다.

물론 소비층은 어느 정도 있기에 드라마 수출액이 갑작스럽게 줄어들지는 않았지만, 서서히 줄고 있다.

대중매체에 대중문화가 소개되지 않으면서 일반 소비층이 점점 마니아층이 되어가는 경향을 보이고 있다. 기존 수요층이 있기 때문에 하루아침에 꺾이진 않을 것이다. 하지만, 한류는 대중문화이다. 대중문화이기 때문에 대중매체에서 소홀히 다루게 되면 영향을 받지 않을 수가 없다. 우린 콘텐츠로 돈을 벌어야 하는데 그 나라 대중매체에서 다뤄주지 않으면 사람들은 결국 인터넷, 유튜브 등으로 계속 볼 것이다. 하지만 그것이 산업적으로 무슨 돈이 되겠는가. 공연을 해야 하는데 대형 공연은 하지 말라고 한다. 소규모로 공연해서는 큰 돈을 벌 수도 없다. 공연을 못 하게 하고, 대중매체나 온라인 유통 플랫폼에 드라마를 못 팔게 하고, 한류 스타들의 광고를 못 찍게 하면 그게 바로 경제적 차단이다.

전형화 _ 한류라는 것이 우리가 전파하고 싶다고 해서 전파되는 것이 아니라, 각 나라의 수요에 따라 창출된 것이다. 일본에서도 40대 이상 중년 여성들을 대상으로 한 엔터테인먼트 소비 시장이 없었는데 〈겨울연가〉라는 한국 드라마로 인해 시장이 만들어졌던 것이다. 이처럼 일본 시장은 지속적으로 가는 경향이 있다. 또한 당시 일본의 자국 아이돌 시장이 침체된 상황에서 한국 아이돌이 그 자리를 메우기도 했다. 지금은 다시 일본 아이돌들이 치고 올라오는 상황이다.

중국 내 한류는 사정이 다르다. 중국은 방송 콘텐츠, 연예 콘텐츠에 대한 규제가 워낙 많고, 또 각 성마다 수많은 방송사들이 있다. 채널은 많은데 거기에서 틀어야 할 콘텐츠는 없는 것이다. 그런 와중에 한국 드라마, 한국 가수들이 큰 인기를 모으면서 만들어진 수요였기 때문에 앞으로도 지속적으로 수요가 창출될 것이다. 중국 정부가 어떤 정책을 내린다고 해서 하루아침에 그 수요가 단숨에 사라지지는 않을 것이다.

최근에 《머니투데이》에서 방송과 가요를 겸비한 시상식을 진행했다. 이 행사를 중국 바이두 포털에서 스트리밍 서비스를 했는데 그걸 1억 명이나 봤다. 한류 콘텐츠에 대한 수요는 계속해서 있을 것이고, 중국이 단숨에 그 수요를 자국 콘텐츠로 대체할 수는 없을 것이다. 심의와 규제가 많기 때문에 다양성을 인정해 줘야 하는데 그게 막혀 있기 때문에 한국 콘텐츠의 수요는 당분간은 보장될 것이다.

한한령 역풍 속 드라마 <도깨비> 인기

○ 한한령의 여파로 드라마 <도깨비>의 중국 내 공식 방영 실패, 하지만 불법 유통을 통해 인기리에 널리 확산
  - 주인공 공유처럼 몸에 검을 합성해 SNS에 올리는 이른바 '구이과이鬼怪, 도깨비 놀이'가 중국인들 사이에서 유행처럼 번짐
  - 중국 문화전문 커뮤니티 사이트 도우반douban.com에서 선정한 '2016년 가장 주목받는 남자배우' 부문에서 공유가 에디 레드메인2위, 레오나르도 디카프리오3위, 베네딕트 컴버배치5위 등 유명 할리우드 배우들을 제치고 1위 선정
  - 중국 내 여전한 한류 드라마 인기와 관련해 영국 BBC 중국어판2017.3.5은 시장 기능보다 정부와 당의 정책이 우선시되는 중국이긴 하지만, 한류에 대한 소비는 별개의 문제로 치부되고 있다며, 애국주의를 내세운 중국의 사드 보복은 어느 순간 지나가는 유행이 될 것이라 전망

중국 내 한류 드라마 <도깨비> 인기와 '도깨비 놀이' 확산

사드, 그 이후의 한류

• 사드 이슈에 •
대한 엇갈린 입장과
언론보도

부풀리기 식 한류 보도 행태
한국 언론이 문제를 키운다?

> "
> 반한류가 해외에서 나왔다고는 하지만,
> 우리나라 매스컴에서 나온 것도 있어요.
> 해외에서는 알려지지도 않은 반한류를
> 우리나라에서 크게 얘기를 하면
> 해외에서는 이것이 대세인 것으로 생각하고
> 해외 언론에서 그것을 인용해서 또 써요.
> 이것이 막 커지면, 결국 부메랑이 되어 돌아오거든요.
> "
>
> – 홍익대학교 문화예술경영대학원 교수 고정민

한류 확산에 있어 언론의 영향력은 그야말로 막강하다. 일반인이 체감하는 바도 동일하다. 2016년 12월에 한국문화산업교류재단이 실시한 여론조사에서 국민들은 기업과 정부가 아닌 '언론과 미디어'를 한류 성장의 가장 큰 기여 주체로 꼽을 정도였다. 특히 작은 사례에 대해서 크게 부풀려 보도하는 '부풀리기 식 한류 저널리즘'의 특징은 한류를 알리는 데 오히려 좋은 기여를 해왔다. 문제는 이러한 보도 행태가 지금과 같은 부정적인 외교정세 속에서는 확산의 반대급부로 작용할 수 있다는 점이다. 사드 배치 결정 이후 중국의 수출제한 조짐이 있을 무렵부터 한국 언론들은 사드 배치로 인한 한한령과 금한령을 대서특필했고 이 보도들이 중국을 자극한다는 전문가들의 의견이 상당했다.

물론, 이러한 한국의 언론 보도를 중국이 이용하는 것이 사실이라 할지라도, 한류 저널리즘에 고질적인 문제가 있다. 첫 번째는 민족주의적인 기사가 많다는 것이다. '민족 vs 민족' 대결 구도로 싸움을 붙이는데, 싸움을 붙인다는 것은 언론 입장에서는 많은 조회 수를 유도할 수 있기 때문에 굉장히 좋은 기삿거리가 된다. 두 번째는 흥미 위주의 기사에 대한 집중이 높다는 것이다. 한류 현상과 관련해 중요한 어떤 국면을 중심으로 기사를 작성하는 것이 아니라, 매우 지엽적이더라도 자극적인 사안이 있으면 기사로 쓰는 것이다. 정확하고 객관적인 기사보다는 출처가 불분명한, 흥미 위주로 부풀려서 기사화하는 한류 저널리즘의 행태가 결국 한류의 목을 죄고 있는 것이다.

서병기 _ 지금 한류 상황과 관련해 중요한 게 바로 '저널리즘'이다. 한류 저널리즘 행태의 개선 논의가 무엇보다 중요한 논의가 될 수 있다. 한류 저널리즘은 몇 가지 뚜렷한 특징을 갖고 있다. 하나는 민족주의적인 기사가 많다. 한류에서 민족주의적인 기사는 사실 싸움 붙이는 기사이다. 거기엔 상대국, 즉 대상이 있는 것이기 때문에 그렇다. 싸움을 붙이는 것은 언론 입장에서는 굉장히 좋은 기사다. 기사 먹잇감으로는 좋다는 것인데, 일단 클릭 수가 많이 나온다. 예를 들어 어떤 한류스타가 중국에 갔는데 중국 방송에서 우리를 무시하는 듯한 질문을 받았다는 식으로 기사를 쓰면, 이

기사에는 댓글이 수천 개가 달린다. 기사를 쓸 때 한류 현상 가운데 중요한 어떤 국면을 끄집어서 기사를 쓰는 것이 아니라, 아주 지엽적이면서도 자극적인 기사를 쓴다. 사람들이 거의 모르는 일인데도 흥미롭고 재미있으면 그것을 부풀려서 쓰는 것이다.

고정민 _ 반한류가 해외에서 나왔다고 하는 것이 일반적이지만, 우리나라 매스컴에서 나온 것도 없지 않다. 해외에서는 잘 알려지지도 않은 반한류를 우리나라에서 크게 얘기를 하면 해외에서는 이것이 사실이라 판단하고 그걸 인용해서 또 쓴다. 결국 이것이 부메랑이 되어 더 커져서 돌아온다.

서병기 _ 기자들에게는 이런 기사를 써야 된다는 당위론적인 생각과 현재 쓰고 있는 기사 사이에 괴리가 상당히 많은 영역이 단연 '한류'인 것 같다. 기자가 기사를 쓸 때 '기자라면 이런 기사는 좀 써야 돼' 하는 당위성의 측면이 있다. 그렇지만 실제로 그런 기사를 다 쓰지는 않는다.

요즘 기자에게 무엇으로 사느냐고 물어본다면, 아마도 클릭 수로 먹고산다고 답할 것이다. 인터넷 환경이 발전함에 따라 어떻게 하면 많은 클릭을 유도하느냐가 관건이고 곧 기자의 능력이 된다. 써야 되는 기사보다는 자극성 있는 기사가 많이 팔리기 때문에 그런 것이 한류에 악영향을 미치는 저널리즘의 행태로 나타난 것이라고 지적하고 싶다.

안석준 _ 민족 간의 대립이라든지 국가 간의 대립 쪽으로 몰아가는 기사를 자제해줬으면 좋겠다. 업계 입장에서는 이 불안한 기간이 될 수 있는 한 빨리 단축되어서 다시 정상적으로 돌아왔으면 하는 바람이 크다. 정치적인 상황이 단기적으로 끝날 수 있는 사안은 아니기에 한국의 문화콘텐츠 산업이 과연 이것을 견딜 수 있을 것이냐, 하는 것이 우려된다.

예를 들면, 5년 전까지만 해도 실질적으로 한류가 수익을 내는 지역은 일본에 한정되어 있었다. 중국은 불법이 횡횡했지만 잠재력이 있는 시장이었고 동남아 시장은 너무나 규모가 작았다. 북미나 유럽은 그냥 아시아에서 사업을 하기 위한 마케팅 차원에서의 전략 시장이었다. 그런데 일본 시장이 독도 문제로 인해 홍보도 막히고, 일본 쪽에서도 한국 콘텐츠 진출을 막았다. 몇 년이 지난 지금, 일본 내에 여전히 한류는 존재하고 있지만 새롭게 창출된 것은 없다. 기존에 진출해 있었던 동방신기나 소녀시대, 빅뱅은 지금도 가서 공연을 하고 수익을 내고 있지만 제2의 '빅뱅'과 제2의 '동방신기'는 나타나지 않고 있는 상황이다. 'SM', 'YG', 'JYP'는 어느 정도 견딜 수 있는 체력이 있지만, 나머지 95% 정도의 영세한 콘텐츠 사업자들이 해외 시장 없이 국내 시장만을 상대로 양질의 콘텐츠를 만들 수 있을지 우려스러운 부분이 없지 않다.

중국 시장도 이와 크게 다르지 않다. 아직까지 중국 정부에서 공식적인 문서가 내려온 것은 없지만 기존에 계약되어 있던 것들이 하나도 이행되질 않고 있다. 가수의 공연은 거의 다 취소됐고, 공동제작하기로 했던 드라마는 돈이 안 들어오고 있다. 한국에서 드라마가 방송될 때 중국에서도 동시에 방송하기로 했던 계약도 다 취소가 되었다. 이처럼 자금 지원이 끊긴 상황에서 괜찮은 대기업이나 기획사들은 당분간 버틸 수 있겠지만, 영세한 업체들이 견뎌낼 수 있을지 걱정이 많다.

또한 다수의 한류 관련 기사들이 상대국이 매우 불쾌할 만한 용어들을 써 가면서 이슈를 만들어내고 있다. 일례로, 중국인들을 비하하는 발언인 '왕서방'이라든가, '공략', '침투' 등 전투적인 표현들이 한류 관련 기사에 그대로 쓰이고 있다. 이러한 발언들이 한·중 관계를 오히려 악화시키고 있기에 이에 대한 세심한 주의가 필요하다는 목소리가 높다.

서병기 _ 관광 기사에 종종 쓰이는 '왕 서방'이란 표현을 중국 사람들은 너무 싫어한다.

고정민 _ 책을 쓰려고 자료를 찾다 보면, 언론에서 공략, 점령, 침투 등 이런 용어를 많이 사용한 걸 볼 수 있다. 중국 사람들이 볼 때 어떻게 생각하겠는가? '중국 시장을 침투해서 전쟁 일으키겠다는 거야?'라는 식으로 반응할 것이다. 그러니까 용어 사용도 가려서 해야 한다.

서병기 _ 맞다. 중국 사회과학원의 장광루이 교수에게서 그런 지적을 받은 적이 있다. 중국 사람들은 그런 표현을 너무 싫어하는데 한국은 왜 이런 식으로 중국을 대하느냐고 물었다.

고정민 _ 우리가 잘못한 것이다. 경영학이라는 것이 원래 군사학에서 왔다. 그러다 보니 어디를 '점령한다'거나 '전략적'이란 표현들이 종종 쓰인다. 대부분 군사 용어라는 점에서, 기사를 쓸 때 좀 더 주의를 해야 한다고 생각한다.

정작 중국에서 공식화된 것은 없다

> "
> 한한령 뉴스를 대만 블로거가 처음 쓰고 그것을 홍콩이 받습니다.
> 다시 중국 마이너 언론이 그 내용을 받고,
> 그것을 우리나라 언론들이 나중에 받은 겁니다.
> "

– 머니투데이 기자 전형화

정작 중국 정부는 '한한령 이슈'에 대해 조용했다. 정부 브리핑이나 공영언론을 통해 어떠한 공식적 입장도 발표하시 않았다. 그러나 한국드라마 방영 중단, 공연 취소, 광고모델 교체 등 부인할 수 없는 사례들이 발생하자 국내 언론은 한한령의 실체를 보도하기 위해 촉각을 세웠다. 그러던 중 근거도 명확하지 않은 해외 보도 내용이 국내 언론에 포착된다. 대만 블로거가 쓴 한류 연예인 블랙리스트가 홍콩, 중국 마이너 언론에서 기사화되었고 이를 국내 마이너 및 메이저 언론이 받아 크게 보도한 것이다. 국내 메이저 언론 보도는 한한령을 곧 공식화시켰고, 이 현상에 대해 다시 중국 언론이 기사화하는 역보도 현상이 발생했다. 일명 '카더라' 통신이 한한령 관련 보도화 과정에서 개입되면서 한한령이 좀 더 구체화되고, 실체화되며, 위협적으로 부풀려졌다.

전형화 _ 처음에 보도가 어떻게 시작됐느냐 하면, 대만의 블로거들이

'중국에서 한국 콘텐츠를 제한한다'는 내용을 올렸는데 그것을 중국의 공신력 없는 인터넷 매체가 받은 뒤 거기에 '중국에 한국 연예인들 블랙리스트가 있다'는 내용을 덧붙여 보도했다. 그것을 홍콩 매체가 받은 뒤 다시 공신력 없는 한국 매체가 받는다. 그걸 또 중국과 한국의 공신력 있는 매체가 받는다. 이렇게 기사가 언론을 통해 오가면서 확대 재생산이 되면 중국 정책 당국자들은 '아, 이렇게 하면 한국에서 바짝 긴장하는구나', '공식화하지 않아도 이런 식으로 압력을 가하면 되겠구나'라고 판단하는 것 같다.

서병기 _ 사드와 관련한 한한령에 대해 어떻게 대처할 것인가 많은 이야기가 나오고 있는데, 한한령은 사실 아직까지 공식적으로 발표된 것은 아니기 때문에 대처 방안은 크게 필요가 없을 것 같다. 중국의 광전총국에서 문서화되어야 거기에 맞춰 우리가 대처하는 건데, 이것이 실제 일어난 것이 아니라 블로그를 포함한 모든 언론에서 마치 일어날 것처럼 만드는 것이다. 물론 한류 스타들이 중국 내 광고에서 교체되는 일이 전혀 없진 않다. 이전과 다른 변화가 일어나고 있지만, 완전히 가시적으로 드러내고 있지는 않다. 어떻게 보면 중국은 그런 효과를 암암리에 노리는 것일 수도 있다. 아닐 수도 있겠지만 중국은 그저 겁을 주고 간을 보는 이런 단계인데, 우리 언론들이 너무 심각하게 받아들여서 문제가 커진 것은 아닌가 하는 생각이 든다.

고정민 _ 최근에 차이나 포럼에서 중국의 드라마 협회장과 토론한 적이 있다. 중국에서는 사드 배치 이슈를 일종의 '분위기'로 본다는 거다. 민간 기업들은 '중국 정부가 한국과 지금 대결 국면에 있구나' 하는 생각에 그들이 정부를 도와주지 않으면 안 된다는 생각을 가지고 있다는 것이다.

그러다 보니 스스로 알아서 숙여 들어가면서, 결국 한국 기업들과의 사이 또한 삐걱거리는 현상이 벌어지게 된다는 거다. 우리도 애국심이 발동되는 상황이 있듯이 지금 중국에는 그런 현상이 팽배해 있다. 그러다 보니 일이 잘 안 된다는 것이다. 그 협회장 말이 자기는 공식적으로 한한령과 관련된 지시를 받은 적이 없다고 했다. 자기는 전혀 모르는 일이기에 한국하고 어떻게든 더 협력을 잘해야 된다는 생각을 하고 있었다. 결국 민간 차원에서 스스로 알아서 정부 정책을 챙기는 거다.

배기형 _ 현장에서 일하는 사람으로서 얘기하자면, 공식적인 것이 아니라고 하지만 최근 들어 실제로 굉장히 영향을 많이 받고 있다. 비근한 예로, 지난달 '한·중·일 PD 포럼'에 다녀왔다. 원래 행사가 후난성 창사에서 열리기로 했는데 행사 일주일 전에 이유 없이 취소됐다. 한국, 일본 측에서 이런 경우가 어디 있느냐고 거칠게 항의했다. 중국 측 이유인즉 그냥 내부사정 때문이라고 했다. 우여곡절 끝에 2주 후 베이징에서 열리기는 했다. 아마도 창사에서 행사를 진행하는 것이 중국 정부 입장에서는 싫었을 것이다. 왜냐하면 후난성의 〈후난TV〉가 지금까지 가장 많은 한류 드라마와 예능 프로그램 등을 사들였는데, 꽤 높은 시청률을 기록하면서 상업적인 성공이 크게 가시화되었기 때문이다. 물론 그럴 것이라 짐작만 하고 있다. 왜? 전혀 공식적으로는 얘기하지 않으니까.

'한한령'에 대한 중국 외교부의 답변(2016.11.21)

"나는 한한령이라는 말을 들어본 적이 없다. 중국은 중·한 양국 간 인문 교류 확대를 지지해 왔다. 양국 간의 인문교류는 민의民意에 기반되어야 한다는 사실을 모두 이해하리라 믿는다..(중략)..중국은 미국의 한반도 사드 배치를 강력하게 반대해 왔고 이는 모두가 다 아는 사실이다. 중국 인민은 사드 배치 강행에 불만을 갖고 있고 관련국과 유관부처가 이를 주시하고 있으리라 믿는다."

사드 부지 확정 후 중국 외교부의 답변(2017.02.27)

"한·미 정부의 한국 내 사드 배치 추진은 역내 전략적 균형을 심각하게 훼손하고, 중국의 국가 안보 이익을 침해하는 것이다. 또한 한반도 평화·안보 유지에도 도움이 되지 않는다. 우리는 한국이 자신들의 안전을 수호하려는 합리적인 우려를 이해하지만, 한 국가의 안전이 타국의 안전을 훼손하는 것을 토대로 이뤄져서는 안 된다. 불행하게도 한국은 이러한 중국의 우려에도 불구, 미국과 함께 사드 배치를 밀어붙이고 있다. 앞으로 필요한 조치를 통해 중국의 안보 이익을 굳건히 지킬 것이며, 이로 인해 발생하는 모든 결과는 한국과 미국의 책임이다. 중국은 사드 배치와 관련된 국가들이 배치를 중단하고 잘못된 길에서 멀리 가지 않기를 강력히 촉구한다."

출처: 《아주경제》(2016.11.22), 〈중국 외교부 한류 콘텐츠 전면금지에 "한한령? 들어본 적 없다"〉
《뉴데일리》(2017.2.28), 〈中 "사드 배치 모든 결과는 한·미 책임"〉

중국의 이율배반적 대응 전략
금지를 부인하는 정부와 밀어붙이는 업계

> "
> 겁을 주면서 간을 보는 게 분명하기 때문에
> 형식적이라도 대응하는 게 중요합니다.
> 우리도 실리를 챙기기 위해서는
> 중국의 요구에 일단 회답해 주는 행동이 필요합니다.
> "
>
> - 《헤럴드경제》 기자 서병기

중국 당국에서 공식화된 것이 없는데 언론 플레이가 진행되다 보니, 중국이 오히려 이 상황을 이용하는 듯하다. '이렇게 하면 한국이 긴장하는구나, 우리가 너희 목을 조르고 있으니 우리 입맛에 맞는 대응책을 내놓으라'는 식이다. 실제, 현장에서 밀어붙이고 언론으로 압박하고 있는 중국에게 어떠한 입장을 내놓으면 좋을지 고민이 많다.

채지영 _ 중국이 지금 이렇게 나오는 것도 언론 때문이라기보다는 그게 다 중국 정부에서 의도한 바라고 생각한다. 일종의 메시지를 우리나라에 던진 것이라고 보는데, 지금 우리의 반응이 그들이 예상했던 것과 다른 상태가 아닐까 하는 생각이 든다. 한한령을 띄우면 우리나라가 그들의 바람대로 대응책을 내놓아야 하는데, 지금 우리가 대내외적으로 상황이 매우 좋지 않다. 그래서 그들이 생각하는 것만큼 반응이 없다는 점에서 중국도 어떻게 해야 될지 곤란할 것 같기도 하다.

서병기 _ 그들이 약간 겁을 주면서 간을 보는 형태가 분명하기 때문에 우리 또한 형식적이라도 대응을 보여주는 것이 필요하다. 실리를 차리기 위해서, 비공식적인 한한령 때문에 한류를 기반으로 한 문화 산업계에서 손실을 입는 것보다는 그들의 요구에 부응해 주는 제스처가 조금은 필요할 것 같다는 생각이다.

중국도 그런 식이다. 광전총국에서 공식적으로 금지한 것은 아니기 때문에 나중에 자신들이 공식적으로 한 것이 아니라고 말할 수 있다. 우리가 중국이 모든 것을 금지했으니까 우리도 못 한다고 하면 그들은 한류를 금지시킨 적이 없다고 주장할 수도 있다.

결론적으로, '우리는 당신들과 우호적인 관계를 유지하고 싶다'는 제스처를 취할 필요가 있다는 거다.

"

중국은 예전부터 절대적인 체제가 있었기 때문에
사람들이 일단 명령은 듣지요.
명령은 면전에서 듣는데 실행은 하지 않아요.

> **그렇게 각자 제 살길을 찾는 오랜 문화를
> '정책이 있으면 대책이 있다'는 말로 표현해 왔습니다.**

"

– 성신여자대학교 미디어커뮤니케이션학과 교수 심상민

중국이 교묘하게 한국 언론을 이용하여 압박을 하고 있으니, 이제부터는 눈치를 보지 않을 수 없다. 시장 기능보다는 정책이 우선시되는 중국이지만 한류에 대한 소비는 여전하며, 한국도 콘텐츠들이 블랙마켓으로 빠지기 전에 유통시켜야 한다. 이대로 있다가는 한류 산업에 손상만 줄 뿐이다. 이러한 상황에서 한류가 살길은 '정책'보다는 '대책'에서 나와야 한다. 눈에 보이는 큰 것들, 한류라고 하면 바로 떠오르는 대작들은 너무 눈에 잘 띄기 때문에 제재를 가할 수밖에 없다고 한다. 그렇기에 오히려 2선, 3선 노시나 크지 않은 포털 등에서의 사업은 별로 신경을 안 쓰거나 다소 눈감아줄 수 있다는 얘기도 흘러나온다.

윤현보 _ 중국도 정책으로 뭔가 제재한다는 모습은 안 보여주려고 한한령을 비공식화하는 형태를 보이는 것은 맞는 것 같다. 중국 내 포털 업체나 방송사도 분명히 한류 비즈니스를 크게 해왔기 때문에 피해가 있을 것이다. 그들도 어떻게든 얘기하고 싶은 마음이 있을 텐데, 정부에서 여러 가지 이유로 이것을 제재하다 보니 눈치를 보고 있는 것이다. 정부에서는 우리는 하지 말라고 얘기한 적 없다 하고, 업체에서는 정부의 눈치를 살핀다.

트럼프 美 대통령 당선과 전세계적 보호무역주의 확산

중국 내 혼선이 우리에게 손상을 주는 것이다.

중국의 큰 회사의 한국 대표가 중국은 '위에 정책이 있으면 밑에는 대책이 있다上有政策 下有對策'는 얘기를 들려준 적이 있다. 대형 프로젝트나 너무 큰 것 말고 3성 도시, 아니면 크지 않은 포털 같은 데서 사업을 하는 것은 위에서는 신경 안 쓸 수도 있다는 말이었다. 그러니까 눈에 보이는 너무 큰 것들, 이를테면 〈별에서 온 그대〉, 〈태양의 후예〉, 〈푸른 바다의 전설〉같이 10년에 한 번 나올까 말까 하는 드라마에만 매달리지 말라는 것이다. 너무 잘 보이니까, 중국 문화를 보호하기 위해서 한국 드라마를 막는 것 같다.

심상민 _ 그 말은 중국에서 꽤 유명한 속담이다. 중국은 예전부터 황제라는 절대적인 체제가 있었기 때문에 명령은 일단 듣는다. 명령은 면전에서 듣는데 실행은 안 한다는 것이다. 그렇게 제 살길을 찾는 걸 '정책이 있으면 대책이 있다'는 말로 표현한 것 같다. 중국만 그런 것은 아니고 스페인 같은 나라도 옛날 왕정이 강했던 때가 있었는데, 국민이 그런 식으로 살길을 찾았다고 한다.

전형화 _ 중국은 자국 산업을 보호 육성하기 위해 지속적으로 한류 콘텐츠를 규제해 왔다. 한류 콘텐츠를 중국에서 활용하는 것도 비용이 싸기 때문에 규모가 커진 것이다. 한국 연예인들을 중국에서 쓰는 것도 값이 싸기 때문이고, 한국 콘텐츠를 중국으로 가져오는 것도 비교우위가 확실하면서 비용이 적게 들기 때문이었다. 수요를 유지하면서도 한편으로는 자국 내 산업을 보호하고 육성하는 차원에서 규제가 동시에 진행되고 있었던 것인데, 사드 배치 결정 이후 잠정적으로 중단이 되어 있는 상태다. 지금 2,000석 이상 규모의 공연은 금지하고 있지만 그 이하 규모는 금지하지 않고 있다. 작은 행사는 해도 된다는 뜻이기도 하다. 아직까지 중국에서도 공식화된 것이 없기 때문에 알아서 눈치를 보는 그런 상황이다.

그렇기 때문에 앞으로 정부의 정책 방향이 굉장히 중요하다. 트럼프가 당선되면서 미국의 대(對)중국 전략이 어떻게 변할지 모른다. 보호무역 정책을 강하게 써서 관세를 인상하게 되면 필연적으로 미·중 무역 갈등이 있을 수 있다. 그렇게 된다면 거기에 대한 투자처는 한국이 될 가능성도 있다. 오히려 더 큰 기회가 될 수도 있는 것이다. 중국은 체면을 중요하게 여기기 때문에 사드 배치를 기왕에 결정했다면 실제 배치까지는 급하게 할 필요가 없이 최대한 기간을 길게 끄는 것이 옳지 않을까 생각한다. 미국의 중국 전략이나 한국 전략이 어떻게 바뀔지 모르고, 거기에 맞춰 우리의 전략도 어떻게 바뀔지 모르는데, 사드 배치를 급하게 추진할 필요 없이 시간을 벌면서 민간 기업들이 자생적으로 대책을 찾을 수 있도록 하는 것이 필요하다. 정책이 있으면 대책이 있다고 했듯이, 대책을 찾을 수 있는 시간을 주는 것이 중요하지 않을까 하는 생각이 든다.

또한 중국은 시장보다 정책이 우선시되며 국가 주도의 사회 통제가 가능하기에, 우리와는 전혀 다른 방식으로 접근해야 한다고 주장한다. 현재 한국에서는 중국을 단지 시장으로 파악하고 있지만, 중국에서는 무엇을 하든 공산당의 이념적 지향을 무시할 수 없다. 언제라도 중국 정부가 적극적으로 나선다면 여론도 시장도 순식간에 변할 수 있다. 특히 현 시진핑 체제는 중국의 전통문화와 사회적 특색주의를 문화 산업에서 강조하고 있기 때문에 한류 산업에 적지 않은 영향을 끼칠 수 있다. 중국 입장에서 보면 한류 콘텐츠는 점차 중국의 정책 방향과 맞지 않는 콘텐츠들이 증가하는 추세를 보이고 있다. 최근 촛불집회와 같은 국내 이슈 또한 그들의 입장에선 위험하게 느껴질 수도 있다.

채지영 _ 중국이 우리와 비슷한 동류의 나라라는 생각을 접고 접근할 필요가 있다. 중국은 문화도 사람도 정부의 지시대로 움직이는 나라이기 때문에, 얼마든지 사회 통제가 가능하다.

배기형 _ 우리가 중국을 시장으로만 생각하고 있는데, 사실 시장 기능보다 정책을 우선시 하는 곳이라는 걸 알 수 있다.

이성춘 _ 중국에서 한국 콘텐츠에 대해 위험하게 보는 측면이 있다. 한국 콘텐츠가 전달하는 메시지가 중국 정부가 지향하는 정책 방향과 맞지 않는 부분들이 점점 더 많아지고 있다는 이야기가 들린다. 예전에 드라마 〈대장금〉 같은 것들은 자기들이 가고자 하는 방향과 맞았기 때문에 중국 정부가 오히려 지원해 주는 측면들이 있었다. 하지만 지금 우리의 촛불집회가 콘텐츠화 된다면 중국 정부는 유통 자체를 원하지 않을 것이다.

심상민 _ 촛불집회 관련 콘텐츠를 사전에 차단할 것이다. 얼룩처럼 묻어서 들어오는 것조차도 원치 않을 것이다.

이성춘 _ 맞다. 그런 부분들이 중국 시각에서는 굉장히 위험해 보이는 것이다.

**中 정부, 해외 방송 콘텐츠 유입 제한 및
독자 콘텐츠 제작 강화**

방송 프로그램의 자주적 업무 추진 강화에 관한 통지
(2016. 6. 국가신문출판광전총국)

☐ 배경

o 광전총국은 최근 TV방송국이 해외 프로그램의 포맷을 지나치게 의존하고 있어, 국내 원작 프로그램의 비율이 낮고 우수한 작품의 부족, 국내외 영향력 및 원동력이 부족한 점 등의 문제로 인해 방송 프로그램의 건강한 발전이 저해되는 것을 유념함

o 각급 광전부서는 시진핑 총서기의 이념과 의지를 진지하게 배우고 관철해야 하며, 문화적 자신감, 자주적인 문화, 문화 자강의식을 수립하고 방송 프로그램의 자주적 창조를 강력하게 추진해야 함. 또한, 자체 지식재산권 보유를 위한 연구와 생산에 주력하고, 중화문화의 특색을 보여주는 양질의 프

로그램을 제작하여 사회주의 문화의 발전을 위해 국가문화 소프트 파워의 향상에 적극 이바지해야 함

□ 주요내용

■ 방송 프로그램의 창의·자주적 업무 추진 강화
o 각 급 신문출판광전행정부서, 각 방송국 및 종합편성 채널은 시진핑 총서기의 이념을 적극 받아들여, '문예 창의 능력 강화'에 대한 요구를 적극 추진해야하며, 방송 프로그램의 창의성은 우수한 중화문화 건설과 매우 밀접한 관계에 있음을 인지해야 함. 광전총국은, 중화 문화와 중국의 특색·풍격·기풍을 담은 프로그램이 사회주의 핵심가치관, 애국주의, 중화의 우수 전통문화를 더욱 잘 이어나갈 수 있음을 강조하며, 이는 중국적 스토리와 중국 정신을 더욱 양성하는 방법이라고 덧붙임. 중국의 외국방송에 대한 규제는 시진핑 체제 들어 계속 강화되고 있음

■ 해외 판권 포맷의 프로그램 도입 관리, 방송 질서 구축 강화
o 각 위성종합 채널에서 해외 판권 포맷 프로그램을 방송하는 경우 (당해년도 새로 도입한 것과 전년도에 도입한 프로그램을 포함) 반드시 2개월 전 성급 신문출판광전국의 사전 심의 및 승인을 받아야 함. 성급 신문출판광전국의 심사 후 국가판권출판광전총국에게 등록 접수해야 하며, 등록 절차를 밟지 않은 해외 판권 포맷의 프로그램은 방송이 불가함. 광전총국은 중국 방송사 등이 외국기관과 협력하여 만든 프로그램, 외국인을 주 제작자로 기용하여 만든 프로그램, 외국인이 주요한 지도자 역할을 해 만든 프로그램과 같이 중국이 완전한 지식재산권을 소유하지 못한 프로그램들도 '판권 구매에 의한 외국방송'으로 분류해 관리하겠다고 밝힘. 각 위성종합 채널이 19:30-22:30 시간대에 방송 가능한 해외 판권 포맷의 프로그램은 매년 2편으로 제한됨. 각 위성종합 채널에서 매년 새로 방송을 위해 구입하는 해외 판권 포맷 프로그램은 매년 1편으로 제한되며 도입한 첫해에는 19:30-22:30시간대에서 방송할 수 없음

출처: 한국저작권위원회 홈페이지

한국 정부의 '전략적 모호성'과 언론의 역할

이러한 한류 저널리즘의 문제가 지속되는 이유 중 하나는 우리 정부 또한 공식적인 대응을 하지 않고 있기 때문이다. 중국 정부가 한국의 반응을 기대하는 것 같지만, 정작 한국은 그 어떤 대응 방안도 제시할 수 없거나, 또는 하지 않고 있다는 의견이 다수다. 특히 국정농단 사태를 비롯한 갑작스런 국내 이슈로 인해 정부가 대對중국 정책에 근본적인 대책을 내놓을 상황이 아니라는 것이다.

그렇기 때문에 한국 언론은 한한령 보도에 더욱 신중해야 한다. 사실 그 나라의 사회상은 대부분 언론이 정한 '프레임'에 따라 바라보게 되기 때문이다. 한국에서 한한령에 주목할수록, 한한령의 실체를 구체화시키고 영향을 실어주는 형국이 될 수 있다. 더욱이 민족주의를 자극하여 한·중 관계를 악화시키게 되면 이는 오히려 한류의 발판을 무너뜨리게 되는 결과를 초래할 것이다. 그렇기에 냉정하고도 좀 더 신중한 한류 저널리즘의 변화된 접근이 요구된다.

전형화 _ 최근《닛케이》신문 아시안 리뷰에 '사드 배치 이후 한국의 대중문화, 즉 중국에서 잃어버린 한류의 위치를 일본 대중문화가 차지하고 있다'는 기사가 나온 적이 있다. 일본 애니메이션 〈너의 이름은〉이 중국 박스오피스 1위를 차지하면서 그런 식의 기사가 보도됐는데, 근거로 제시한 사례들은 맞다 해도 그로 인해 내세운 전제가 사실이 되는 것은 아니다. 한국의 대중문화를 일본의 것으로 대체할 수도 없거니와, 오히려 중국에서는 일본 대중문화에 대해 더욱더 경계할 것이다. 그런데 언론이 그렇게 프레임을 정하면 그렇게 바라보게 된다. 현재 이러한 한한령에 관한 한국의 언론 보도 형태 또는 프레임도 그와 비슷한 측면이 있다.

대표적인 한류 스타 소속사 대표들과 이런저런 의견을 나눠본 적이 있었는데, 한쪽은 한국에서 너무 과대하게 언론이 포장해 보도하기 때문에 중국에서 오히려 더욱 민감하게 받아들이고 심각하게 여기고 있으니 우리가 그렇게 보이지 않게끔 움직여야 하는 게 맞을 것 같다고 했다. 다른 한쪽은 한국 언론에서 이렇게 다뤄주니까 정부에서도 대책을 세우려 하고 앞으로 이와 관련한 움직임이 있지 않겠느냐고 말했다.

두 가지 주장이 다 일리가 있다고 생각한다. 분명히 과장 및 확대해서 보도하고 있는 측면도 있다고 생각하고, 그렇게 보도했기 때문에 지금 문체부도 외교부도 나서서 대응책 마련을 위해 각종 사례를 조사하고 있는 것이다. 문제는 문체부든 외교부든 사드로 인해 현재 벌어지고 있는 현상에 대한 근본적인 대책을 내놓을 수 없는 상황이기 때문에, 현재 언론에서 보도하고 있는 형태들이 점점 더 민족주의를 자극하는 식으로 가는 경향이 있다는 것이다. 한국 국민들 역시 그런 식으로 반응하는 경우가 있다. 중국에서도 그런 식으로 받아들일 수밖에 없기 때문에 냉정하고도 좀 더 신중한 접근이 필요하다. 언론 보도 또한 그런 자세가 필요하지 않나 하는 생각이 든다.

서병기 _ 한류에 대해서 팩트를 이야기하는 것 외에, 대부분 전문가나 학자들이 이야기하는 가장 좋은 결론이 상호 교류다. '한류는 상호 교류로 가야 된다'는 식의 이야기는 한류에 대해서 관심 있는 분들에게서 공통적으로 들을 수 있는 말이다. 그런데 상호 교류를 해야 한다는 당위성에 관한 글이 굉장히 많은 것에 비해, 실제 어떻게 하면 상호 교류가 될 수 있는지에 관한 기사는 별로 없다. 물론 우리가 문화 ODA^{Official Development Assistance, 정부개발원조} 같은 지원을 통해 상대국과 교류할 수 있는 계기를 마련한 적이 있기는 하다. 그런데 한류 관련 기사를 보면 대부분 '사드 배치 후 한한령 분위기가 형성되는 것 같다', '한한령으로 인한 손실이 얼마다', '드라마 제작과 관련해 공동제작이나 해외 판권이 올 스톱된 상태이며 책임 소재는 누구다' 같은 식의 이야기를 많이 한다.

어떤 문제가 있고 누가 잘못했다는 식의 기사가 굉장히 많은데, 우리 이익을 챙기는 관련 기사는 없는 것 같다. 상호 교류를 이야기하면서 실제로 언론에서 실천하지 않고 있다는 자기모순에 빠지는 경우가 있다.

윤현보 _ 언론에서 자꾸 사드 문제와 연관해 한한령, 금한령 등을 보도하는 게 오히려 더 중국 사람들을 자극한다는 생각이 든다. 중국의 제재라는 것은 사드 배치 이전에도 있었다. 그것이 자국 문화에 대한 보호정책이기 때문에 사드 배치 전에도 사전 심의 등 많은 제재가 있었다. 그 때문에 드라마, 특히 방송 프로그램, 예능 프로그램이 타격을 많이 받았다. 그것은 중국 정부가 자국 문화, 자국 국민을 보호하려는 정책으로 만든 것이지 단순히 한류에만 반대하겠다는 것은 아니다. 대만과 일본에서도 혐한류, 반한류가 있었듯이 그것은 자국의 문화를 보호하기 위한 움직임이다. 그 부분은 어느 정도 인정할 수밖에 없다. 드라마를 제작하고 예능을 제작하는 입장에서는 기회가 줄어드는 것에 대해서 굉장히 위기의식을 느끼고 있다. 이 위기를 어떻게 빠져나가 대안을 찾아야 하는지 고민스럽다. 하지만 요즘 같이 언론에서 대서특필되고 있는 시기에는 가만히 있는 것이 최선인 것 같다.

즉, 시간이 어느 정도 해결해 줄 것이다. 실제로 2015년 말, 2016년 초에는 좀 나아지지 않을까 하는 예상을 했었고, 사실 중국에서도 그런 얘기들이 있었다. 그런데 다시 한한령이 이슈가 되고 더불어 한·일 문제도 부각되면서 상황을 살피며 기다리는 시간이 길어지고 있다. 국내 업체에서 준비한 많은 프로젝트와 콘텐츠 제작물이 중국 시장 진출을 전제로 진행한 부분도 적지 않다. 그런 것들이 다 보류되고 진행되지 않는 것에 어느 정도 충격을 받고 있지만, 이후에 중국 시장이 다시 열렸을 때를 대비해 지금은 준비하는 기간으로 봐야 할 것 같다.

사드, 그 이후의 한류

◆ 정치·외교 이슈와 ◆
한류 간의 역학관계

한류의 국가 브랜드화

현재의 한류 콘텐츠는 일제강점기나 군사정권 때처럼 드라마나 음악 속에 정치적 메시지나 선동의 의도를 담고 있지 않다. 그럼에도 정치·외교적 이슈에 영향을 받는 것에 대해 전문가들은 이미 한류가 국가 브랜드와 동일시되었기 때문이라고 입을 모아 말한다. 무국적성과 보편성을 강점으로 한 한류 콘텐츠가 해외에서 폭발적인 인기를 끌다 보니 국가 전체가 너무 성급하게 나서서 국가 이미지 혹은 국가 브랜드 쪽으로 한류 콘텐츠를 결착시킨 것이 오히려 화근이 된 측면도 없지 않다.

사드 배치보다 최순실 게이트가 한류 산업에 더욱 영향을 끼쳤다는 여론조사 결과는, 어쩌면 해외에서뿐만 아니라 국내에서도 한류가 국가 브랜드로서 자리매김하고 있었다는 것을 단적으로 반증하는 예라 할 수 있다.

배기형 _ 사드와 한류 콘텐츠는 관련이 없어야 맞다. 하지만 이미 한류가 국가 브랜드가 되어버렸다. 현대 자동차라든가 삼성의 갤럭시처럼 본래 한류도 무국적성을 띠어야 된다. 하지만 상품에 국가 브랜드를 붙이면서 대내적으로 한류 브랜드를 통해 자긍심을 고취시킬 수 있었다. 한편 '혐한류'가 흘러 나온 게 한류 상품들이 국가 브랜드와 동일시 되었기 때문에 나온 결과라면, 결국 우리가 조장한 측면이 있지 않나 하는 생각이 든다.

서병기 _ 처음 할리우드 직배사들이 우리나라에 들어왔을 때, 우리도 민족주의적 관점에서 대응했다. 그런데 지금 할리우드 영화는 한국뿐만 아니라 다른 외국에서도 국가적인 차원보다는 문화적인 것으로 인식하고 소비하는 등 옛날과 대응하는 방식이 많이 달라졌다. 이처럼 한류도 중국 정치인들이 이야기할 때 '한류는 한국 문화인들이 만든 결과물이니, 우리하고는 별 상관없다'는 식으로 인식하게 만들 전략도 필요한 것 같다.

고정민 _ 미국에 거주하는 한국통이 있는데, 그 사람이 항상 강조하길 자기는 K-POP이 좋은 것이지 한국이 좋은 것은 아니라고 얘기한다. 즉, 한국이 좋아서 K-POP이 좋아진 것이 절대 아니라는 것이다. 그렇기 때문에 지금처럼 한류 콘텐츠에 코리아를 너무 강조하다 보면 나중에 반감이 일어날 거라고 지적을 했다. 나 또한 그렇게 생각한다. 사실 한류가 여기저기 너무 많이 쓰이는 것도 문제다.

심상민 _ 확실히 국가가 커뮤니케이션 운영자처럼 접근한 것은 잘못됐다. 결과론적으로 보면 한국 정부가 너무 성급했다고 볼 수 있다. 국가 이미지, 브랜드 쪽으로 너무 황급하게 튼 것이 문제가 된 것 같다.

고정민 _ 한류라는 말을 너무 여기저기 붙이는 것이 문제다. 문화 콘텐츠에 한정해서 보자면, 사실 한류라는 말은 우리가 만든 것은 아니다. 원래 중국에서 나온 거다. 자연스럽게 현재까지 이어져온 이 단어를 다시 우리 식으로 바꾸자는 논의도 있다. 나는 그것에 반대다. 왜냐하면, 한류가 이미 브랜드화되어 있는데 이것을 새롭게 바꾸면 엄청난 혼란이 일어나게 될 것이다. 그보다 한류를 브랜드로서 어떻게 활용할 것인지 깊이 생각해 볼 필요가 있다. 다만, 한류라는 말을 아무 데나 함부로 붙이지 말았으면 한다.

대중의 눈으로 본 한류 위기론
: '사드 배치'보다 '최순실 게이트'가 한류에 악영향

최순실 게이트의 한류 산업에 대한 부정적 영향 (단위: %)

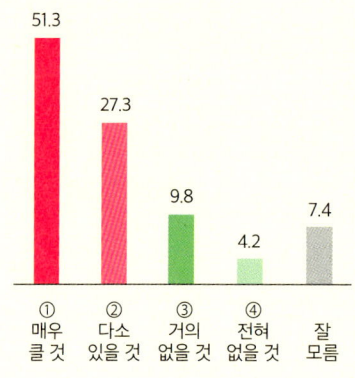

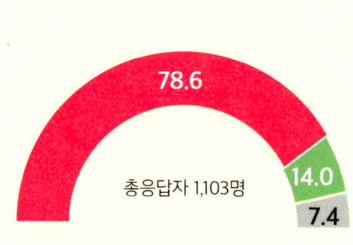

총응답자 1,103명

사드 배치의 한류 산업에 대한 부정적 영향 (단위: %)

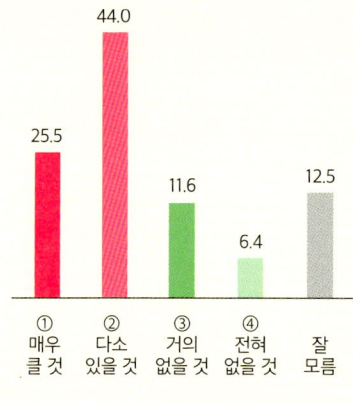

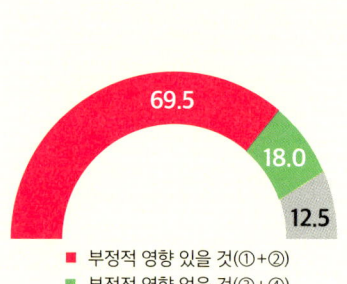

○ 2016년 12월 12일~13일 한국문화산업교류재단은 여론조사 전문기관인 <리얼미터>와 함께 전국 만 15세 이상 59세 이하 국민 1,013명을 대상으로 여론조사를 실시

○ 그 결과, 사드 배치'70% 보다 '최순실 게이트'79%가 한류에 더 부정적인 영향을 미치는 것으로 나타남
- 사실 두 이슈 중 현재 한국 스타와 기업의 해외진출에 있어 현실적인 제약을 주는 것은 '사드 배치'임. 즉 사드 배치라는 정치·외교적 이슈로 인해 최대 한류 시장인 중국과의 관계가 급격하게 얼어붙었고, 잇따른 중국의 한한령 조치로 한류 산업의 위기를 우려하는 목소리가 점점 커지고 있음
- 그럼에도 국민들이 최순실 게이트를 더 부정적으로 인식한 것은 이 이슈가 단지 대한민국의 정치적 혼란 차원을 넘어 글로벌 이슈로서 다수 외신들의 달갑지 않은 관심을 받으면서, 국가 위상과 대외이미지 실추라는 국가적 손실이 더 크게 부각된 결과라 할 수 있음

국가 브랜드가 된 한류는 결국 국가주의를 이끌어냈고, 나아가 정치·사회적 이슈가 한류에 직접적으로 맞닿게 되었다. 중국의 강한 민족주의 또는 자문화 중심주의와 맞닿으면서 조금씩 빚어지던 문화적 마찰이 최근 사드 이슈로 인해 급격히 팽창하게 된 것이다. 본래 한류 콘텐츠에는 없던 국가적인 색채가 국가 브랜드 전략을 통해 물든 셈이다.

이처럼 이미 한류가 국가 브랜드화 되었기 때문에 아예 한국 브랜드를 고급 이미지로 끌어올려야 한다는 주장도 제기됐다. 이를 위해서는 단지 정부 차원이 아닌 외교, 안보를 포함한 범정부적이고 총제적인 전략이 필요하다는 진단도 나왔다.

고정민 _ 본래 중국은 민족주의적 성향이 강한 국가이다. 그런데 우리도 그에 못지않게 강하다. 그것이 부딪힌 것이다. 무엇보다 중국이 사회주의 국가이기 때문에 다른 나라의 문화에 대해서 굉장히 거부감이 많다. 시진핑 주석도 중국 고유의 문화를 지켜내겠다고 계속 얘기를 하면서 한국 문화나 일본 문화에 대해서 규제를 하고 있다. 중국의 이러한 행동은 역사적 퇴행이다. 다른 나라는 다 개방하고 받아들이는데 중국은 더 쇄국정책을 펼치고 있는 것이다. 실제 차이나 포럼에서 어차피 세계 중심이 서구에서 아시아 쪽으로 오고 있으니까 '아시아류'로 가자고 얘기했는데, 중국 사람들이 이를 별로 탐탁지 않게 생각하는 것 같았다. 자기네들이 항상 중심이라고 생각하니까 그랬을 거다.

한류라는 용어도 초창기 때부터 쭉 봐왔다. 그때 당시에도 '한류'라는 명칭을 바꾸자는 얘기가 많이 나왔다. 나 또한 적극적으로 용어를 바꾸자고 주장했다. 한국 '한韓' 자가 들어가 있는 게 문제라고 계속 얘기를 했었다. 그런데 바뀌지 않았다. 왜냐하면, 우리가 자체적으로 만들어서 퍼뜨린 것이 아닌, 외부에서 그렇게 부르던 게 자연스럽게 우리로까지 들어와 익숙해진 말이기 때문이다. 즉 계속 중국에서 한류 얘기를 하고 일본에서도 한류라고 부르니까 우리는 그냥 따라간 거다. 지금 바꾸기에는 이미 늦었다. 이미 브랜드화 되었기 때문에 어떻게 할 수가 없다.

전형화 _ K-POP 이후 여러 산업에 'K 접두사'를 붙이는 게 당연하게 받아들여지고 있다. 여기엔 부정적인 측면과 긍정적인 측면이 상충한다. 부정적인 측면은, K를 앞세운 여러 산업을 해외에선 한국 정부 차원의 조직적인 문화 전략으로 여긴다는 것이다. 이는 일종의 문화 제국주의로 비춰질 수 있다. 실제로 프랑스, 독일의 유력 언론에서 이런 전략을 비판하는 보도가 나오기도 했다. 이건 중국도 마찬가지다. 문화 침략으로 여겨지기에 반발이 생길 수밖에 없다. 긍정적인 측면은, 한국이란 나라가 가지고 있는 이미지가 고급스럽다면 여러 산업에도 긍정적인 영향을 줄 수 있다는 것이다. 하지만 현재 한국이라는 브랜드가 높은 수준을 갖췄는지, 체계적으로 고급스러운 브랜드로 만들어낼 전략이 있는지, 그런 전략을 세울 수 있는지 의문이 생긴다. 단적인 예로, 구글 사이트에서 검색했을 때 한국과 관련해서 가장 많이 나오는 기사는 단연 '북한' 또는 '북핵' 관련 기사다. 그렇기 때문에 한국 브랜드를 고급화하기 위해선 단지 문체부 차원뿐만 아니라 외교, 안보를 포함한 종합적인 전략이 필요할 것 같다.

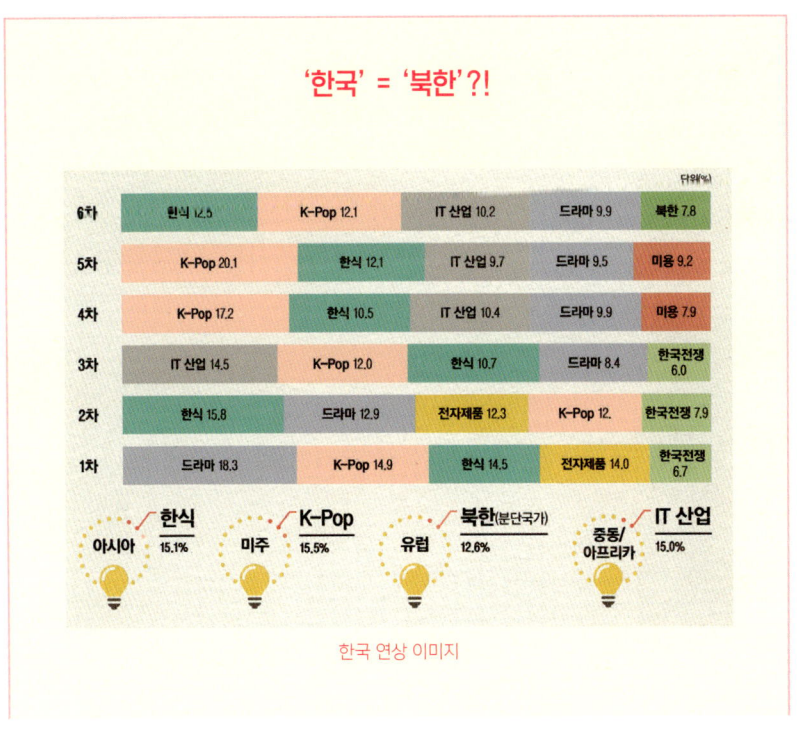

한국 연상 이미지

○ 한국문화산업교류재단의 '2016-2017 글로벌한류실태조사' 결과, 한국의 이미지는 '북한분단국가'과 긴밀한 연결고리를 지닌 것으로 나타남
  - 특히 미주, 유럽 등 이른바 선진국에서의 '북한' 또는 '한국전쟁' 연상이 두드러졌음. 미국의 경우 북한14.0%, 한국전쟁11.0% 이미지가 모두 5위권 안으로 진입, 전년 대비 각각 5.6%p, 3.4%p 상승. 영국에서도 2015년에 1위였던 K-Pop을 제치고 북한18.8%이 첫 연상 이미지로 떠오름. 브라질분단국가, 17.5%, 프랑스한국전쟁, 11.8% 역시 동일했음

○ 최순실 게이트로 인한 국정공백이 이어지는 가운데 사드THAAD·고고도미사일방어체계 배치, 트럼프노믹스에 따른 자국 보호주의 속에서 핵을 무기로 불안감을 고조시키는 주체가 바로 '북한'임. 더욱이 북한에 대한 외신 보도가 주로 한국사회의 병리현상에 머물러 있다는 점에서 외국인의 눈에 비친 한국의 자화상은 부정적일 가능성이 큼

○ 결국 차세대 한류 확산 지역으로 주목받는 미주, 유럽에서의 북한한국전쟁 연상은 쉽게 치료될 수 없는 한국의 이미지이자 한류의 인기와 성장에 브레이크를 거는 핵심 기제가 될 수 있을 것임

출처: 한국문화산업교류재단(2017), 2017 글로벌 한류 트렌드

한류의 국가 브랜드화로 인해 한류가 정치·외교적 도구로 유용하게 사용되는 사례가 빈번하다고 한다. 특히 순방외교 시에 한류라는 소재가 타국 정상과의 대화 분위기를 부드럽게 만드는 역할을 한다는 점에서, 외교적 측면에 있어 시너지 효과가 발생한다는 것이다. 하지만 반대로 외교 문제가 발생할 경우, 오히려 한류는 독이 되어 돌아오기도 한다. 결국 한류를 활용한 외교는 필요와 상황에 맞게 신중히 사용되어야 한다.

문효진 _ 최근 한류를 정치·외교적 도구로 활용하는 사례가 빈번하다. 그동안 국가 간 정상회의 및 VIP 순방 시 상대국 대표와의 어색한 분위기를 부드럽게 하는 데 있어 한류라는 소재가 큰 역할을 한 것은 사실이다. 즉 '아이스 브레이킹ice breaking' 역할을 해왔다. 결국, 한류가 외교·경제적 측면에서도 국익에 상당한 시너지 효과를 발휘했다고 볼 수 있다.

전형화 _ 한류를 앞세우는 해외 순방은 경우에 따라 이해득실이 갈린다. 이를 문화 침략으로 받아들일 수 있는 나라의 경우 자제하는 게 마땅하다. 오히려 현지의 자생적인 한류 문화에 대해 눈에 띄지 않게 후원하며 지원하는 정책이 바람직할 것이다.

앞서 말한 대로 한류가 외교적 수단으로서 효과적으로 사용될 때도 있다. 중동 등 한류 열풍이 새롭게 일어나는 곳에, 특히 결정권자가 한류 팬일 경우 한류 스타를 앞세운 외교 정책이 효과적일 수 있다. 한국과 일본 관계가 경색되기 전, 아베 총리 부인 아키에 여사가 한류 팬이라는 사실이 알려지면서 한류 이미지에 도움이 됐던 것처럼 말이다. 그러나 한·일 관계가 경색되면서 아키에 여사가 한류 드라마 DVD를 버렸다는 기사가 현지에서 나올 정도였으니, 결국 한류를 내세운 외교는 때와 필요에 맞게 신중히 사용되어야 할 것이다.

민간 외교관, 한류 스타 배용준과 최지우

○ 2004년 <겨울연가>가 일본 전역에서 인기를 끌면서 냉랭했던 한·일 관계에 문화적인 물꼬가 트임. 이 열풍에 힘입어 당시 인기를 누렸던 한류 스타들이 외교 협상 또는 정부가 주최하는 문화·예술·경제 활동 등의 여러 모임에서 '아이스 브레이커ice-breaker'로서 적극 활용됨

○ '욘사마' 열풍을 일으킨 배용준은 '2010-2012 한국방문의 해' 홍보대사로 위촉돼 방문의 해 선포식에서 그의 팬으로 알려진 일본 총리 부인을 비롯해 양국의 VIP들을 맞이한 것으로 알려짐. 또한 한국을 알리는 지면광고 및 TV광고 촬영 등에 적극 참여해 민간외교관으로서 역할을 톡톡히 해냄. 특히 그가 등장한 '한국 고궁편'의 홍보 포스터는 일본 유력 매체의 전면 광고로도 게재돼 한국에 대한 관심 및 호감도를 높인 좋은 광고로 선정되기도 함

○ '지우히메'로 불리는 최지우 또한 '2005 한일 우호의 해' 홍보대사로 임명돼 일본 총리와의 만찬 자리에 참석함

한류 드라마 <겨울연가>를 통해 민간 외교관으로 등극한 배용준과 최지우

문화의 산업화와 융합한류 패러다임

> "
> 굉장히 비과학적인 얘기일 수는 있는데요.
> 일반적인 패턴이나 과학 이론으로 도저히 설명이 안 되는,
> 갑자기 팡 터져 나오는 뭔가가 있어요.
> 한류가 그런 거라고 생각해요.
> 한류는 이제 특별한 현상도 아니고 사라질 현상도 아닌
> 그냥 노멀한 상태라고 생각합니다.
> "
>
> - 한양대학교 행정학과 교수 김정수

애초에 한류는 누군가에 의해 의도적으로 만들어진 그 무언가가 아니다. 애당초 아무도 계획하거나 기대하지 않았던 '기적'과도 같은 성과라는 얘기다. 그렇다고 한류가 아무 이유 없이, 마치 신의 손길이 닿아 무無에서 유有로 창조되었다는 뜻은 아니다. 1990년대 후반 처음으로 한류 현상이 발생한 이후, 그 시기에 한국 대중문화의 경쟁력 향상, 아시아의 정치 경제적 변화, 문화 산업의 해외 진출을 위한 정부의 지원 등 여러 요소들이 절묘하게 맞아 떨어지면서 나타난 결과라고 봐야 한다. 이런 의미에서 한

류는 '설계되지 않은 성공'이라 할 수 있다. 이렇듯 누구도 계획한 한류가 아니기 때문에, 한류 미래에 대해서는 낙관적인 전망과 비관적인 전망이 혼재되어 있다.

안석준 _ 한류의 태생에 대해서 얘기해 볼 필요가 있을 것 같다. 한류라는 것은 의도적으로 만든 것이 아니다. 업계 입장에서 바라보면 대한민국이라는 아주 한정된, 굉장히 작은 국내 내수 시장에서만 사업을 영위할 수 없는 부분이 있다. 결국은 자생적으로 해외 시장 진출에 대한 기획이 들어간 것이다. 그렇게 해서 양질의 해외형 콘텐츠들이 생겨나면서 한류도 생겨났다고 생각한다.

김정수 _ 문화 정책에 관련된 전공을 한 터라 한류 초기 시절부터 이 분야에 관심을 갖게 되었다. 드라마 〈사랑이 뭐길래〉가 중국에 진출할 때부터이니 거의 20년이 된 것 같다. 그 사이에도 매번 위기 상황이 있었고, 해마다 한류는 곧 끝난다는 이야기가 없었던 적이 없었다. 심지어 어떤 국회의원은 자기가 동남아 몇 개국을 탐방하며 조사했는데, 그 결과 한류가 5년 안에 끝난다고 말하기도 했다. 끝난다는 시점이 2003년인가 2005년인가 그랬다. 그런데 그 이후로 〈별에서 온 그대〉, 〈태양의 후예〉 등 더 큰 대박 드라마가 터졌다.

한류 콘텐츠 관련 종사자들 입장에서는 이런 상황이 생길 때마다 답답할 수 있을 것이다. 하지만 한류라는 것이 처음부터 누군가가 기획하고 만든 것이 전혀 아니다. 조금 무식하게 말하면, 90년대 말에 여러 가지 요소들이 우연히 합류되면서 한류가 시작됐다고 본다. 처음 한류가 시작했을 무렵 'SM'은 지금과 같은 'SM'이 아니었다. 그때는 작은 규모였고, 'YG'나 'JYP'도 없었다. 'CJ'도 엔터테인먼트 쪽으로 시작한 분야가 없었는데, 어떻게 하다 보니 대박을 터트리는 가수가 나오고, 영화가 나오고, 드라마가 나왔던 것이다. 배우만 하더라도 〈겨울연가〉가 일본에서 엄청난 인기를 끌자 배용준 이후에 또 누가 더 나올까 싶었는데 그 뒤로도 인기 있는 배우들이 정말 많이 나왔다.

결론을 말하자면, 학문하는 사람 입장에서 굉장히 비과학적인 얘기일 수도 있는데, 설명은 잘 못하겠지만 우리나라 역사에 그런 부분들이 있는 것 같다. 일반적인 패턴이나 과학 이론으로 도저히 설명이 안 되는, 갑자기 팡 터져 나오는 거 말이다. 한류도 그런 거라고 생각한다. 한류는 이제 특별한 현상도 아니고 사라질 현상도 아닌 그냥 노멀한 상태라고 생각한다. 구체적으로 어떤 장르의 어떤 스타가 나올지, 어떤 기획사가 나올지 하는 것은 앞으로 달라질 수 있겠지만, 전체적으로 보면 이런 지엽적인 것들이 한류의 기본일 뿐이다.

한류가 이렇게 커질 수 있었던 것은 중국 시장이 큰 역할을 했기 때문이다. 처음부터 우리가 중국 시장에서 이렇게 잘 나갈 수 있으리라 기대하고 시작했던 것이 아닌 것처럼, 유럽이나 기타 지역도 힘들겠지만 두고 봐야 한다. 지금 유럽, 미국에서도 주류는 아니지만 어쨌든 한류가 진행되고 있다는 것이 중요하다. 물론 아직까지 중국이 제일 큰 시장이지만 상황이 바뀔 것 같다고 너무 걱정할 필요는 없을 것 같다. 중국이 안 되면 또 다른 지역에서 뭔가 다른 기회가 생겨나리라고 생각한다.

곽영진 _ 정부에서 오래 일해 왔기 때문에 한류가 성장하는 과정을 모두 지켜봤다. 또한 직간접적으로 그 일에 참여했기 때문에 결과적으로 한류 확대에 정부가 일정 부분 기여했다는 자부심을 갖고 있다. 예를 들면, 시장의 판을 누구나 능력을 발휘할 수 있는 공정한 판으로 만들었다는 점이다. 초기에는 이런 것이 없었다. 모든 시스템이 제조업 중심이어서 세금 문제, 금융 문제 같은 게 많이 발생해, 우리가 해당 기관과 부딪히면서 해결했고 또 규제 완화도 이뤄냈다. 특히, 영화 분야의 경우 규제 완화가 우리 영화의 경쟁력을 만들었다고 자부한다.

사실 제일 중요한 것이 우리의 문화적인 DNA다. 무한 도전하고 무한 경쟁하는 기업가 정신이 우리의 DNA 속에 있다. 정부도 이들이 활동할 수 있는 판을 잘 만들어주었다. 그러던 것이 정치적인 이슈와 맞닥뜨리니 문제가 불거진 것이다. 하지만 앞으로도 다양한 분야와 영역에서 또 뭔가 새로운 것이 만들어질 것이다. 그것이 우리의 저력이며, 이를 바탕으로 한류는 지속될 것이다.

―――

90년대 중후반, 한류 태동기 무렵에 한류의 의미는 '중국에 한국의 유행이 몰려온다'는 글자 그대로의 뜻으로 정의되었다. 그러나 이후 한류는 '한국의 문화나 문화 콘텐츠가 해외로 수출되어 향유 혹은 소비되는 현상'에서 '아시아를 비롯한 전 세계를 망라하여 대중문화를 중심으로 나아가 한국의 문화 산업과 연계된 모든 상품과 서비스'라는 의미로, 한류의 발전에 따라 유기적으로 변화하였다.

물론 산업이 계속적으로 발전하기 위해선 튼튼한 기반 시장과 더불어 영역 확장을 위한 새로운 시장 지원이 이뤄져야 한다. 한류 산업도 마찬가지로 '융합한류 패러다임'으로 전환하고 있다. 기존의 방송, 영화, 음악 등 문화 콘텐츠 산업과 화장품, 패션, 음식, 관광 등 기타 모든 산업이나 소비재

와의 연계가 활발하게 이루어지고 있다.

그렇다면 융합한류 패러다임이 한류의 지속 발전에 실질적으로 긍정적인 영향력을 끼칠 것인가? 전문가들의 의견은 분분하다.

임학순 _ 융합한류는 문화와 경제에 관한 통합적 접근이라고 할 수 있다. 화장품, 패션, 음식, 관광 등의 분야는, 한류라는 문화 자원을 바탕으로 형성된 '의미'를 담아낼 수 있기 때문에 한류 연관 산업이라고 할 수 있다. 이러한 효과는 기본적으로 한류가 '이야기', '세계관', '라이프스타일', '의미'를 창조하는 문화 현상이기 때문에 가능한 것이다. 경제적 측면에서 볼 때 한류는 문화 경제의 자원이며, 스토리텔링, 체험 경제, 한류 스타 마케팅 등은 융합한류의 방법론이라고 할 수 있다. 이런 측면에서 융합한류는 한류의 가치 사슬을 확장하는 데 있어서 중요한 접근이라고 할 수 있다. 그러나 한류의 문화적 의미체계를 기반으로 하는 것이 아닌 단순 상업주의에 매몰될 경우, 융합한류 접근은 오히려 한류에 대한 부정적 시각을 초래할 수도 있다.

배기형 _ 융합한류 패러다임은 다양한 층위와 범주를 가지고 있는 한류 산업의 의미를 기존의 드라마, K-POP 등 문화 콘텐츠 위주에서 화장품, 패션, 음식, 관광 등 관련 산업으로 확장하여 문화적 가치의 산업적 가능성을 극대화한 개념으로 볼 수 있다. 즉, 융합한류 산업은 한류 브랜드의 문화적 가치를 바탕으로 창조성을 발휘해, 시장에서 상품의 부가가치를 키우는 것이다. 따라서 융합한류 산업은 그 속성상 매우 시장 친화적인 접근을 하게 된다. 이러한 접근은 한류가 산업으로서 지속가능한 생태계를 만들어나가는 데에 도움을 준다.

이런 의미로 보자면, 융합한류 패러다임에서 애초 한류 열풍에 담겨왔던 국가주의적 담론은 줄어들고 산업주의, 시장주의 담론이 증가하는 것은 매우 긍정적인 현상이라 할 수 있다. 다만 대형 엔터테인먼트 기획사에서 한류 문화를 전파하는 과정에 있어 이익 증대와 수익 다각화에만 집중하는 이러한 시장주의적 접근은 우려해야 할 현상이다. 국격과 국가주의를 동일 선상에서 판단하면 안 된다. 특히, 한류 문화 전파에 편승해 수익만을 노리는 콘텐츠를 기획하는 것은 한류 산업 전체가 상업성에 매몰된 듯한 인상을 주기에, 경계해야 할 것이다.

그럼에도 불구하고, 문화 콘텐츠 위주의 전통적인 한류 산업이 화장품, 패션, 음식, 관광 그리고 가상현실 등 다양한 범주로 확장하여 한류의 브랜드 가치를 담을 수 있는 산업적 그릇들이 점차 늘어가는 것은, 지속가능한 산업으로서 한류 문화를 제대로 자리매김하게 하는 데에 큰 도움을 줄 것이다.

김윤지 _ 융합한류 패러다임은 현재 한류에 대한 각종 정부 지원을 이끌어내는 데에는 긍정적인 영향을 끼쳤다. 문화 산업은 필연적으로 공공재적 성격을 가지고 있어 늘 지원의 정당성을 확보하는 것이 중요했다. 실제로 산업 자체의 크기만으로 볼 때에는 '과연 이 산업에 지원을 하는 것이 필요한가'라는 문제에 부딪히지만, 이 산업이 타 산업에 미치는 영향이 높다는 것이 증명된다면 정책적 지원에 힘이 실리기 때문이다. 실제로 정부 및 기관의 지원을 이끌어내는 데에는 한류의 가치를 정량적으로 수치화하여 이것의 높은 효과를 보여주는 것이 중요한 역할을 했다. 연구자의 입장에서 봤을 때, 많은 분들이 이러한 수치를 주목한 이유가 그들도 이런 정량

작업의 필요성을 느끼고 있었기 때문이라고 생각한다.

그런데 최근 한류 연관 산업의 경제적 효과를 강조하다 보니 너무 그쪽으로만 경도되는 측면이 있는 것 같다. 예를 들어, 드라마를 통한 상품의 간접광고 효과가 높다는 게 밝혀지니까 정부까지 나서서 이것을 극대화하기 위한 방안 찾기에 몰두하고 있다. 최근 공중파 방송 PD들이 선언문을 발표했다. 공중파 드라마에도 중간광고 시간을 확보해 달라는 내용이다. 현재 종편 드라마는 중간광고가 허용되지만 지상파 드라마엔 중간광고가 허용되지 않고 있다. 그러다 보니 제작비를 광고비로 조달하는 데 한계가 있어 자꾸 간접광고에 의존하게 된다. 그런데 이 간접광고가 드라마의 흐름을 자꾸 저해하니까 PD들이 아예 중간광고를 허용해 달라고 한 거다. 간접광고에 대한 부담 없이 드라마를 제대로 만들고 싶다는 것이다. 그만큼 현재 간접광고가 위험한 수준에까지 다달았다고 볼 수 있다. 한류의 경제 효과를 너무 강조하다 보면 이런 부작용들도 나오게 된 것 같다.

일부 엔터테인먼트 회사들도 자사의 아이돌 가수나 배우들을 통해 광고를 활용한 콘텐츠를 많이 만들고 있는데, 이게 너무 과도하면 결국 한류 콘텐츠 자체에 독이 될 수 있다. 엔터테인먼트도 산업이니 수익에 대한 고민을 해야겠지만, 장기적으로 본다면 너무 상업적으로 치중한 듯한 모습이 악영향을 미칠 수 있을 것 같다.

중간광고 필요성에 대한 찬반

○ 한국 PD연합회는 2016년 9월 21일부터 30일까지 지상파 방송 3사 PD 327인(KBS 158인, MBC 114인, SBS 55인)을 대상으로 협찬, PPL, 중간광고에 대한 인식 조사를 실시함

○ 설문조사 결과, 응답자 중 85.3%(279인) '중간광고 허용 필요'하다고 응답
  - 지상파 중간광고를 허용할 필요가 없다는 의견은 6.7%(22인), '모르겠다'는 답변은 8%(26인)에 불과
  - 장르별로는 스포츠 93.3%, 15인 중 14인, 드라마 92.4%, 66인 중 61인, 예능 90%, 109인 중 98인 PD들이 지상파 중간광고 허용의 필요성에 적극 공감, 시사교양 PD의 경우 76%(129인 중 98인)로 상대적으로 유보적인 태도가 두드러짐

○ 중간광고 허용이 필요하다고 답한 응답자 다수가 그 이유로 ①부족한 제작비 확충 ②종편종합편성채널·케이블과의 형평성과 공정한 경쟁 ③프로그램과 광고의 명료한 구분 필요 등을 꼽음
  - 반대의 의견을 표한 응답자들은 ①방송의 공영성 유지 ②몰입 방해에 따른 시청자 불편 등을 이유로 제시함

출처: PD저널(2016.10.12), "협찬·PPL 문제 해소 위해 중간광고 필요" 85.3%

융합한류 패러다임이라고 하지만 결국은 '한류'로 수렴된다. 그렇기 때문에 융합한류에서 가장 중요한 것이 '분야 간 연관성'이기도 하다. 애초 한류의 시작은 음악, 드라마 등 콘텐츠였기 때문에 한류 콘텐츠의 발전이 파생상품, 부가사업으로 자연스럽게 이어지고 있다는 설명이다. 예를 들어 '브랜드 확장 이론'을 융합한류에 적용할 시, '적합성fit'을 고려하는 것이 무엇보다 중요하다. 즉, 기존의 한류 브랜드와 새로운 콘텐츠 영역이 잘 어울려야만 실질적인 효과가 발생한다는 것이다.

윤현보 _ 융합한류 패러다임에 있어 분야 간의 연관성을 배제한 산업적인 추진은 의미가 없다고 생각한다. 드라마와 예능을 통한 간접광고로 노출된 제품이나 유명 스타의 광고 브랜드 제품 등으로 해외에 적극적으로 마케팅 및 세일즈를 시도하는 것은 분야 간 밀접한 연관성의 좋은 사례로 보인다. 한류 콘텐츠의 발전이 결국은 파생상품, 부가사업으로 자연스레 이어지기 때문에 한류 콘텐츠의 지속적인 발전이 우선시되어야 할 것이다. 물론 최근 중국의 한한령 등 정치적 이슈로 인한 한류의 규제 부분은 위의 연관성이 부정적인 효과로 작용한 결과다. 때문에 대규모 프로젝트나 특급 한류 스타의 활동과 연관된 사업을 추진하는 대신, 중소형 공연이나 MCN Multi Channel Network, 다중채널네트워크 등 보다 다각화된 사업을 추진한다면 중국의 강력한 규제 영역에서 어느 정도 벗어날 수 있을 것이라 생각한다.

대형 엔터테인먼트사, 방송사, 제작사는 세계적인 브랜드 회사들과 콜라보레이션을 하거나 제휴를 맺어 다양한 사업을 공동으로 추진할 수 있는 기회가 많은 반면, 중소 엔터테인먼트사나 제작사는 이러한 기회조차 없는 경우가 많다. 이에 KOTRA와 같은 정부 기관의 도움을 받아 일정 부분 진행하고 있는 것으로 알고 있다. 하나의 IP를 가지고 다양한 사업으로 확대 추진하는 것은 매출을 극대화하는 전략이기도 하니, 좀 더 이러한 기회를 많이 누릴 수 있도록 정부 차원의 협조와 정책적인 지원이 필요하다고 생각한다.

장병희 _ '브랜드 확장 이론brand extension theory'을 적용하여 융합한류의 영향력을 설명할 수 있다. 한류는 하나의 브랜드로 상당한 자산을 가지게 되었다. 최근 들어서는 수평적 브랜드 확장 과정을 통해 다양한 콘텐츠 장르에 '한류'라는 브랜드가 접목되고 있다. 그러나 위 이론에 따르면 긍정적 효과와 부정적 효과가 모두 발생할 수 있다. 긍정적 효과의 측면에서 보자면, 기존에 긍정적인 브랜드를 형성한 한류와 융합될 시, 새로운 콘텐츠 영역 역시 시너지 효과를 발생할 수 있을 것이라 예상할 수 있다. 이 과정에서 특히 '적합성fit'을 고려할 필요가 있다. 하지만 브랜드 확장은 '부정적 환류효과reverse effect'를 발생시킬 수도 있다. 브랜드 확장이 부정적인 평가를 받을 경우 '모 브랜드parent band'마저 부정적으로 평가될 가능성이 있기 때문이다. 정리하면, 기존 한류의 브랜드 자산을 활용한 확장 전략은 효과적이라고 평가할 수 있지만, 한류와 적용되는 콘텐츠 영역 간의 적합성과 부정적 환류효과에 대한 면밀한 사전 조사가 필요하다.

한류 팽창전략: 융합마케팅

○ 2016년 <태양의 후예>가 중국 등 해외 각국에서 선풍적인 인기를 모으며 1조 원 이상의 경제효과가 기대되는 가운데, 산업자원통상부, 중소기업청, KOTRA가 이러한 여세를 몰아 한류 상품박람회를 잇달아 개최함

○ 산업부와 선양시가 공동 개최한 선양 한류상품박람회는 중국 내 2선 도시들 중에서도 소비성향이 강한 선양시의 특성을 반영하면서, 한류융합 소비재 상품을 중심으로 전시 상담회를 진행함
  - 시안은 실크로드박람회에 주빈국으로 참가해 중국 서부 내륙시장 진출에 적합한 화장품, 패션의류, 생활용품, 식품, 의약품 등 다양한 소비재 상품을 전시하면서, 10만여 명의 현지 소비자가 방문하는 큰 홍보 효과를 거둠
  - 또한 산업부와 문체부가 공동으로 개최한 충칭 한류상품박람회에는 한류 문화 진출 거점도시로서 소비재뿐만 아니라 문화콘텐츠, 프랜차이즈 등 다수의 서비스 업체들이 참여함

2016 한류상품박람회: 중국 시안, 충칭, 선양 등

한편 융합한류를 형성하려면 한류 콘텐츠와 산업 간의 '맥락' 형성도 중요하다. 예컨대, 전지현이 드라마에서 립밤을 바르면 한류와 화장품 간 맥락이 만들어지게 된다. 이렇게 기존 한류 콘텐츠와 맥락이 만들어진 음식, 화장품, 자동차 등이 화제를 얻게 되면, 한류 산업의 영역이 확장되고 궁극적으로 융합한류로서 가치를 획득하게 된다. 즉, 아무 맥락 없이 'K'를 붙여 한류 산업인양 포장하기보다는 각 산업에 꼭맞는 지향점 설정과 지원이 중요하다.

전형화 _ 융합한류란 개념은 현실과 괴리된 발상이다. 한류란 한국 연예인이 중심이 된 콘텐츠를 말하는 것이라서, 한류와 다른 산업이 융합 또는 연결되려면 그들 사이에 맥락이 발생해야 한다고 생각한다. 예컨대 전지현이 드라마에서 립밤을 바르면 그 순간 맥락이 만들어지는 거다. 그렇게 한류와 맥락이 만들어진 음식, 화장품, 자동차 등이 화제를 얻으면서 한류산업이 영역을 확장해 나갔던 거다.

최근 한국적인 특색이 있거나 강점이 있는 산업에 아무 맥락 없이 'K'를 붙여서 한류인양 포장하는 현상이 빈번한 것 같다. 한류는 다른 나라의 수요에 의해 탄생한 개념이다. 그런데 수요가 없는 비 연예인 관련 산업에 'K'를 붙여서 한국에서 한류라고 아무리 포장한다고 해서 다른 나라에서 수요가 생기진 않는다. 연예인 관련 콘텐츠와 한국적인 특색이 있는 산업은 각각 다른 지원 방식이 필요할 거라 생각한다.

그래서 융합한류란 게 형성되려면, 한류와 산업 분야 둘 사이에 맥락이 발생하게끔 기획 단계부터 철저히 준비해야 한다. 현재 한국 드라마나

융합한류 예시, 인기 한류 드라마 <별에서 온 그대> 속 장면

예능 프로그램, 영화 등 여러 한류 콘텐츠들은 다른 산업과 연결할 수 있는 제도적 장치가 부족하다. 때문에 작품별로 개별 제작사들이 알아서 각자 도생하는 방법으로 꾸려지고 있는 것이다. 결국 엔터테인먼트 지식재산권 시장이 형성될 필요가 있다. 기획 단계부터 여러 산업과 연결될 수 있는 장이 마련되어야 한다. 지난해부터 부산국제영화제 아시안 필름마켓에서 실시하고 있는 엔터테인먼트 지식재산권 마켓은 이런 점에서 주목할 만하다. 아직 정부 지원 등이 미비하지만 일본과 중국에서도 관심을 보이고 있다. 한국의 장점인 기획력을 내세우고, 한류와 다른 산업의 맥락 형성을 위해서도 이런 마켓에 대한 지원은 중요하다.

사실 대형 엔터테인먼트사들이 수입 다각화를 위해 화장품, 식당 등 여러 활동을 하고 있는데 이는 MD 상품의 변용에 불과하다. 실제로 상장한 대형 엔터테인먼트사들은 자사의 주가 상승 차원에서 사업 다각화를 실시하고 있다. 그런데 이런 사업들은 대체로 큰 수익이 발생하지 않는다. 화장품, 식당 등은 한류 콘텐츠와 전혀 맥락이 발생하지 않기 때문이다. 소녀시대 화장품이든 빅뱅 화장품이든, 그것을 바른다고 그들처럼 예뻐진다는 맥락이 생겨나지 않는다. 즉 전지현이 드라마에서 립밤을 바를 때 생기는 것과 같은 맥락이 일어나지 않는 것이다. 결국 타깃팅이 잘못된 거다. 아이돌을 좋아하는 어린 팬들은 소득이 적어 주요 소비자층이 될 수 없고, 구매력이 있는 팬들은 굳이 소녀시대 화장품, 빅뱅 화장품을 살 이유가 없다. 그들은 고급 브랜드를 찾기 마련이다. 식당 사업도 마찬가지다.

때문에 대형 엔터테인먼트사들은 수입 다각화 활동보다는 지향점에 주목하는 게 더 중요하다고 생각한다. 예컨대 SM은 'SM타운'이라는 하나의 생태계를 만들고 있다. 애플이 소비자들을 하나의 생태계로 끌어들이는 것처럼 SM도 SM타운이라는 생태계로 팬들을 유도하고 있다. SM에서 로

봇, AI 등을 자사의 미래 사업 영역으로 확장시키겠다고 공언하는 것도 이런 맥락에서 이해할 필요가 있다. YG 또한 끊임없이 채널화를 시도 중이다. YG 스스로 방송사가 되어 문화 콘텐츠를 공급하고자 시도하고 있는데, 아직 의도와 전략이 구체화되지는 않았지만 YG의 해외 사업, 매니지먼트 전략 역시 이런 맥락의 일환이 아닐까 싶다.

엔터사의 수익 다각화: SM엔터테인먼트

○ 2015년 SM엔터테인먼트는 다양한 기술과 한류 콘텐츠가 융합된 한류문화 복합공간 'SM타운 코엑스 아티움SMTOWN COEX ARTIUM'을 개관함
 - SM타운 코엑스 아티움의 백미로 꼽히는 'SM타운 씨어터'는 가상현실과 사물인터넷 등 최첨단 IT를 공간 전체에 접목한 가변형 공연장으로, 근거리 통신 기술인 비콘Beacon이 적용돼 공연을 보는 중간 중간 스타들로부터 문자 메시지 등도 받을 수 있음
 - 특히 세계 최초로 선보인 플로팅 방식의 홀로그램 뮤지컬인 '스쿨 오즈 School OZ'는 SM 소속 스타들의 실물과 구별이 되지 않을 정도로 높은 완성도의 홀로그램 구현에 성공함

○ 자회사 'SM C&C'를 통해 매니지먼트MC, 배우, 제작드라마, 예능, 뮤지컬, 다큐, 웹 콘텐츠, 여행업K-POP투어, 항공/호텔 예약 등까지 아우르고 있음

○ 자회사 'SM F&B'를 통해 외식업, 식음료 사업으로까지 확장 중
 - 2015년 10월, 서울 청담동 본사 사옥에 프리미엄 레스토랑 '썸SUM'오픈
 - 2016년 3월부터 전국 이마트 매장과 온라인 쇼핑몰 '이마트몰'을 통해 SM 소속 아티스트를 앞세운 PB자체브랜드 상품 판매, 출시 5일 만에 16만여 개가 팔리는 히트 기록

○ 매니저먼트업 만 하기엔 위험 요인이 매우 크기 때문에 다양한 분야로의 사업 확장을 통해 불확실성 분산, 결과적으로 한류를 기반 한 스타 산업을 자본화 했다는 긍정적 평가와 함께 '문어발식 확장'으로 오히려 해당 기업이 위기에 빠질 수 있다는 우려 섞인 지적도 제기

   - 소속 연예인들의 활동에 따라 성과가 나는 엔터 사업의 특성상 안정성이 떨어지고 부침이 심하다는 단점이 두드러짐. 더욱 상장이 된 대형 기획사의 경우, 소속 연예인이 열애설이라도 나면 주가가 급락하는 사태가 빈번히 발생

   - SM과 JYP 등은 이미 외식 사업에 참여해 해외 시장까지 진출했다가 실패한 전력을 갖고 있음. 무엇보다 이들 기업들이 뛰어든 외식, 패션, 화장품, 게임 등의 분야는 경쟁이 치열하고 시장 변화가 심한 곳임. 또 자금력을 앞세운 CJ E&M과 카카오 등의 엔터테인먼트 시장 진출도 기존 엔터테인먼트 회사들을 위협하는 요소로 대두

출처 : 한국문화산업교류재단(2016), 한류스토리 4월호

한류문화 복합공간, 'SM타운 코엑스 아티움'(좌)
이마트 & SM 콜라보레이션(우)

융합한류 시대
한류의 범위는 어디까지인가?

한류가 우연의 산물이라고는 하나, 한류의 발생 이후 지금까지 전개되어온 과정을 되짚어 보면 한류의 구성 요소들이 점차 다양해지고 있음을 알 수 있다. 1990년대 후반 드라마와 대중음악으로 한류가 촉발된 이후 영화, 게임, 캐릭터, 애니메이션, 패션, 문학, 퍼포먼스 등 다양한 종목들이 계속적으로 한류 대열에 합류하였다. 심지어 그동안 한류 콘텐츠와는 전혀 관련 없던 의료, 음식, 관광, 스포츠 같은 각종 산업들까지 이른바 '융합한류' 대열에 포함되었다. 이제는 모든 산업들이 마치 한류 산업인 것처럼 보인다.

이러한 상황에서 한류의 범위를 이해하기 위해서는 오리지널 한류와 한류의 파생분야를 분리해야 하며, 파생분야 역시 한류 스타가 연결고리 역할을 해야만 발생된다는 주장이 있다. 이와 반대로 융합한류 패러다임 하에서 한류 산업의 한계는 없다는 의견도 있다. 즉, 한류 브랜드와 결합하여 부가가치를 창출해 낼 수 있는 분야라면 생산 수단이나 산업적 구분에 얽매일 필요 없이 넓은 의미에서 모두 한류 산업에 포함될 수 있다는 것이다.

물론 다소 중립적인 의견도 존재한다. 타 산업군이 한류 콘텐츠와 어우러져 새로운 부가가치를 높여갈 수 있다면 모두 큰 의미에서 융합한류로 볼 수 있으나, 그 과정에서 콘텐츠와 상업성이 억지로 연결된다는 작위적인 느낌이 들어서는 안 된다는 것이다.

융합한류 범주화를 위한 기준를 정하는 데 있어서 차이를 보였지만, 기본적으로 융합한류의 핵심이 K-POP, K-드라마와 같은 대중문화 산업 기반의 한류 콘텐츠라는 데에는 동의하였다.

문효진 _ 한류의 의미가 확장되고 있지만, 오리지널 한류와 한류 파생분야는 분리해서 이해해야 한다. 한류의 출발점에 드라마, 음악K-POP, 영화 등 핵심 콘텐츠가 있다. 그리고 지금도 한류라 함은 사실 이들 3개 문화 콘텐츠가 중심이다. 그래서 한류를 정의하면, 해외에 거주하는 외국인들이 한국의 드라마, 음악, 영화 등 대중문화를 경험하며, 이를 좋아하고, 지속적으로 소비하는 현상 정도로 이해할 수 있다. 한류의 대상은 외국인이며, 지역은 해외, 콘텐츠는 드라마, 음악, 영화 등 한국 대중문화를 일컫는다. 반응은 호감도와 소비라고 본다.

화장품이나 푸드 등은 한류 파생분야다. 파생분야와의 연결고리는 한류 스타가 해당 분야에 광고 모델이나 캐릭터로 참여하는 형식이 이에 해당된다. 가령 화장품을 한류 상품이라고 생각하는 건 화장품 모델이 주로 한류 스타라서 그렇다. 한류 스타들의 피부가 좋은 이유는 한국 화장품을 사용해서고, 한류 스타들이 한국 화장품 광고 모델로 출연하다 보니 화장품을 한류 상품군으로 분류해서 받아들이는 것이다. 사실 화장품만을 놓고 보면, 그냥 한국 회사가 만든 화장품이지 한류는 아니라는 생각이 든다.

배기형 _ 전통적으로 한류 산업은 방송, 영화, 음악, 게임, 공연, 애니메이션 등 콘텐츠 산업 분야를 중심으로 이해되어 왔다. 그렇지만 융합한류 패러다임에서 한류의 산업은 그 한계가 없다. 즉, 한류 브랜드와 결합하여 부가가치를 창출해 낼 수 있는 분야라면 생산 수단이나 산업적 구분에 얽매일 필요 없이 넓은 의미에서 모두 한류 산업에 포괄될 수 있으리라 생각된다. 특히 '정보기술' 분야나 '컨버전스convergence', '하이브리드hybrid' 등으로 대표되는 작금의 산업적 경향은 화장품, 패션, 의료, 여행 등 모든 문화 서비스 산업에 한류의 가치를 심어나갈 수 있다. 따라서 상품이나 서비스의 기능적인 효용성 외에도 한류 문화와 결합하여 새로운 산업적 부가가치를 창출할 수 있다면, 곧 넓은 의미에서 한류 산업으로 이해해도 무리가 없을 듯하다.

그렇지만 단지 한국과 한국 문화를 소재로 하여 상품이나 서비스를 만들었다고 한류 산업에 포함되는 것은 아니다. 한류 문화에 대한 유대와 공감에 따라서, 즉 문화가 지닌 자발성과 역동성에 기초하여 새로운 산업적 가치를 발생시킬 수 있어야 한류 산업이 제대로 된 외연확장을 이룬 것이라고 볼 수 있다.

김윤지 _ 이와 유사하게 영국에서도 '창조 산업'의 영역에 관해 고민을 했었다. 결국 그들은 단순히 엔터테인먼트 산업에만 국한하는 것이 아닌 건축, 제조업 등에도 창조성을 가미해 새로운 부가가치를 낼 수 있도록 하였고 이를 창조 산업의 모토로 삼았다. 그런 측면에서 본다면, 한류를 굳이 어디까지라고 한정하는 것은 의미가 없을 것 같다. 패션, 관광, 화장품, 음식 등 한류 콘텐츠와 어우러져 새로운 부가가치를 높여갈 수 있다면 모두 큰 의미에서 융합한류로 볼 수 있을 것이다. 단, 상업성이 너무 동떨어진 상황에서 콘텐츠와 억지로 연결해 괴리된 느낌이나 생뚱맞은 느낌을 주지 않는 게 중요하다. 콘텐츠를 보면서 너무 '광고 지향적'인 느낌을 주고 있다면 역시 올바른 모습은 아닌 것이다.

임학순 _ 한류 산업은 일반적으로 한류를 일으킨 대중문화 산업과 한류를 자원으로 새로운 가치를 창출하는 영역으로 크게 구분할 수 있을 것이다. 또한 이러한 한류 산업은 '핵심 영역', '연관 영역', '파급 영역'으로 구분할 수 있다. '핵심 영역'은 K-POP, K-드라마와 같이 한류의 원천이거나, 앞으로 지속적으로 발전 가능한 주요 동인動因으로 작용하는 분야다.

동심원 파문과 융합한류: 콘텐츠 호수에 던진 조약돌

○ 한류 시초는 글로벌 개방 시장인 문화콘텐츠 영역이라는 호수에 던진 한국의 빼어난 문제작, 즉 조약돌 콘텐츠였음. 이후 시기 구분과 진화를 거듭하면서 한류 제1선에 해당하는 문화창조산업(공연, 관광, 여행, 쇼핑 등)으로 드넓게 동심원 확장을 해나갔음

○ 이후 한류 제2선은 한류마케팅이 활발하게 이루어지는 관련 제조업과 디지털한류, K-뷰티 등 전략적 인접 영역과 외부효과External Effect 발생 지점이었음

○ 호수에 던진 조약돌pebble in the lake 효과를 거듭한 한류 현상은 2016년 <태양의 후예> 성공사례를 분기점으로, 경제적 퀀텀 점프를 기약할 만한 융합한류라는 외계 지대로 확장하게 됨. 즉 한류 제3선에 해당하는 융합한류 지대는 국가, 지역, 도시를 횡단하고 초월하는 경제통합과 산업융합을 매개로 궁극적인 문화혼성과 경계파괴를 통해 새로운 스타일 창조를 일으키는 세계적인 보편 현상으로 발돋움하는 것임

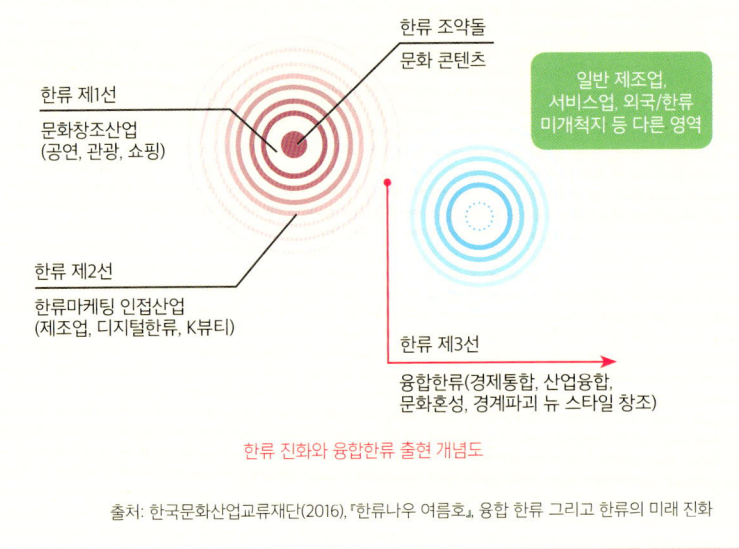

한류 진화와 융합한류 출현 개념도

출처: 한국문화산업교류재단(2016), 『한류나우 여름호』, 융합 한류 그리고 한류의 미래 진화

'연관 영역'은 대중문화 및 한국인들의 현대 생활문화 등 문화 영역과 연관되어 있다. '파급 영역'은 비문화 영역이면서도 한류를 통해 새로운 부가가치를 창출할 수 있는 영역이다. 각 영역의 구체적인 장르는 한류의 확산 수준에 따라, 그리고 현지의 사정에 따라 다를 수 있을 것이다.

장병희 _ 한류 산업의 범위에 대한 질문은 '한류라는 브랜드가 어디까지 확장될 수 있는가'라는 질문과 동일하다. 앞서 언급한 적합성을 적용한다면, 한류 산업의 범주 역시 세분화할 수 있다. 예를 들어, K-드라마, K-POP, K-영화 등은 1차 한류로 범주화할 수 있으며, 이러한 1차 한류를 기반으로 영향력을 확대하고 있는 K-만화 등은 2차 한류로 범주화할 수 있다. K-패션 등과 같이 다소 적합성이 멀어 보이는 경우는 3차 한류로 범주화할 수 있다.

K 접두사만 붙이면 만사형통?

그동안 한국은 대부분의 한류 관련 산업에 K를 붙여왔다. 마치 K를 붙이면 모든 것이 만사형통으로 해결될 것처럼 말이다. 한류의 의미가 확장되고 융합한류 시대가 도래하면서 K-뷰티, K-푸드 등 모든 산업에 K라는 접두사를 붙이는 현상이 두드러진 것이다.

한편 한류 콘텐츠를 제작 유통하는 과정에 있어 외국의 자본 투자지분 보유, 포맷 수출, 공동제작합작, 인력 수출 등이 활발히 진행되었다. 이에 따라 한류 콘텐츠는 어느 순간부터 '한국의 콘텐츠'가 아닌 '한국식 스타일'이 가미된 다국적 콘텐츠로 변화하였다.

전형화 _ 사실 한류와 관련된 분야에 K자를 붙이게 된 것은, 이번 정부에서 K자를 여기저기 갖다 붙이면서 시작됐다. 그걸 언론에서 그대로 받아쓰면서 퍼진 것이다. 자생적인 결과는 아니라고 생각한다.

유승호 _ K자만 갖다 붙이면 한류가 되는 거다.

배기형 _ 그동안 한류 브랜드를 생각 없이 확장시킨 것이다. K자를 붙이는 지금까지의 관행은 'K-스포츠재단' 문제가 터졌기 때문에 아마도 급속히 식을 것이다. 사실 K라는 것을 다양한 방식으로 해석하더라도 결국 한류에는 코리아라는 브랜드가 붙을 수밖에 없다. 그래서 그냥 K로만 확장한 것이 아닌가 싶다.

하지만 최근 성공을 거둔 다수의 콘텐츠는 브랜드 중심이 아닌 콘텐츠 중심이었다. 그러니까 MBC의 〈무한도전〉이 아니라 그냥 〈무한도전〉이고, 그냥 〈태양의 후예〉인 것이지 KBS의 〈태양의 후예〉가 아니다. 〈강남스타일〉이 인기가 있었던 것이지, 그걸 두고 한국의 K-POP이 인기가 있었다고 치환해 버리면 안 된다.

윤현보 _ 사실 K-POP이라는 단어조차 우리가 만든 것이 아니다. 일본의 J-POP이라는 단어에서 J를 K로 바꾼 그런 개념으로 알고 있다. 그런데 K-POP이라는 단어가 K-culture의 부분으로 이어졌고, 이것이 한류 3.0 시기의 특징으로 표현되었다. 그런데 드라마 쪽에서는 사실 'K-드라마'라는 표현은 잘 쓰지 않는다. 다수의 한국 드라마들이 해외에서 인기를 모은 것은 드라마 내용뿐만 아니라 유명 한국 배우들과 함께 엮어졌기 때문에 가능했던 것이다. 한편 음식 드라마인 〈대장금〉이 중동 쪽에서 방영되는 동안 더불어 그 지역에서 한국 전통음식의 인기가 높아졌는데, 그때 처음 〈대장금〉을 K-드라마라고 지칭했다.

K-뷰티, K-패션이라는 것도, 결국에는 〈별에서 온 그대〉라는 드라마 속에서 전지현이 바른 립스틱과 입었던 옷으로부터 비롯된 것이다. 사실 그 드라마에서 전지현이 입었던 옷들 가운데 한국 브랜드 옷은 별로 없었다. 대개 해외 명품들이었는데, 어쨌거나 그게 하나의 스타일이었다. 그런 스타일이 인기를 얻어서 해외에서, 특히 중국에서 많은 호응을 얻은 것이다. 뷰티 한류의 대표격인 아모레퍼시픽은 K-뷰티라는 표현을 잘 쓰지 않는다. 중국 사람들이 한국 화장품에 열광하지만, 자사 제품을 홍보할 때 K-뷰티라는 표현을 적극적으로 쓰지는 않는다. 그냥 자연스럽게 자사 제품을 마케팅하고 홍보를 한 결과로서 해외에서 자사 브랜드가 알려졌다고 보는 것이다. 즉 K-뷰티, K-패션이라는 용어만으로는 큰 효과를 얻지 못한다고 생각한다. 오히려 그 상품 자체의 경쟁력이 더 중요하지 않나 하는 생각이 든다.

김정수 _ 어쨌든 지금은 빌보드에서도 공식적으로 K-POP이라는 말을 쓴다. 아무리 K자를 붙이고 싶어도 사실 수요층에서 수용을 안 해주면 의미가 없는 것이다.

곽영진 _ K자를 다 붙이게 된 시기가 지난 정부 말기 때 『한류 백서』를 만들 무렵이었다. 그 당시 장관님이 글 쓰시고 가르치시던 분이라 'K-culture', 'K-style'처럼 각 파트마다 K자를 다 붙이면서 시작됐다. 나는 당시 한류라는 말을 쓰는 것도 대단히 조심스럽고 신중한 입장이었는데, 어찌 됐든 여기저기 K자를 붙여 쓴 말이 일반 용어가 됐고, 정부가 쓰면서 언론도 따라서 똑같이 썼고, 결국 이게 굳어진 것 같다. 중요한 것은 굳이 K라는 용어를 쓰지 않아도 좋은 성과를 내면 된다는 것이다. 아무리 산업 경쟁력이 취약하다고 해도 용어를 남용할 필요는 없다고 생각한다.

빌보드 차트에서 K-POP을 별도 장르로 만든 것은 다수의 수요자가 있었기에 가능한 일이라 생각한다. 이는 대단한 노력의 결과물인 것이다.

한류의 영향력을 문화가 아닌 산업적인 측면에서 설명한다면, K라는 용어를 빌미로 무분별하게 다수의 산업이 한류에 편승한 것이라 말할 수 있을 것이다. 하지만 '한류'라는 단어가 무너지는 순간, 그동안 수많은 사업 분야에 진출한 우리 기업들의 노력들 또한 한순간 무너질 수 있다는 우려도 존재한다.

김윤지 _ 사실 지금 한류에 딸린 식구들이 너무나 많다. 지금 우리는 한류라는 말을 너무 쉽게 많이 하지 않았느냐고 보지만, 화장품 산업과 식품 산업 등에서 일해 온 분들에겐 이 단어가 정말 소중한 거다. 이 단어 하나를 가지고 시장에 진출해 온 분들이 너무 많아서, 이 단어가 꺾이게 되는 순간 그들의 사업 기회마저 무너지게 될까 우려된다.

윤현보 _ 한국의 콘텐츠가 다른 산업들과 연관성을 가지고 여러 가지 파생효과를 얻는 게 바람직하다고 생각한다. 물론 정부에서도 적극 지원해 주어야 한다. 국가 차원에서 진행하는 큰 행사들이 많이 있는데 여러 가지 측면에서 연관성을 가지고 같이 비즈니스를 할 수 있는 기회를 많이 제공해야 한다고 생각한다.

> "
> 성공 처세술을 다루는 경영서들처럼 '한국문학이 세계 정복에 필요한 10가지 단계'와 같은 실행 계획을 마련해야 한다는 생각은 언제나 위험한 발상입니다. 국가의 '브랜드 가치'를 높이기 위한 정부 주도의 시도나 세계 주요 작품 대열에 합류해야 한다는 맹목적인 주문은 출판인들의 정신과 상충됩니다.
> "
>
> – 맨부커상 수상작 「채식주의자」 영문번역가 데보라 스미스Deborah Smith

'2016 한국문학 세계화 포럼'에서 발언하는 데보라 스미스

참으로 다채로운 'K 접두사'의 세계

○ 최근 국내 언론에 K 접두사가 얼마나 자주 등장했는지 찾아본 결과, K-POP과 K-드라마, K-뷰티, K-푸드, K-컬처의 경우 과거에도 줄곧 언급됐고 최근까지도 빈번히 등장하는 단어였음. 그 외에도 실로 다양한 산업 분야에서 K 접두사를 사용하고 있었는데, 해당 접두사를 사용한 언론 기사 제목을 정리하면 다음과 같음

· K-SOOL　K-SOOL, 해외로 나가는 '전통주'
· K-캐릭터　"넥스트 한류, K-캐릭터 납신다"
· K-스마트시티　'K-스마트시티' 수출엔진으로 키운다
· K-바이오　'K-바이오' 세계화 기폭제 기대
· K-시큐리티　'K-시큐리티' 신흥국 보안시장 공략…수출 4.5조 목표
· K-만두　'한류 한식' 선봉장…'K-만두 시장 개척'

K 접두사 남용, 왜 문제인가?

○ 맹목적인 접두사는 그 자체로 심각한 한계를 내포함. 단적인 예로 자장면을 'C-푸드'라고 소개하고, 일본 유니클로를 'J-패션'이라고 이름 짓고 전 세계에 홍보했더라면 지금처럼 친숙하게 받아들여졌을지 의문임

○ 무엇보다 K-POP이 상당한 성공을 거둔 이후 모든 수출 분야에서 K 접두사 남용이 급격하게 증가함. 이러한 맥락 없는 접두사 사용은 스스로 콘텐츠가 빈곤하다는 점을 여실히 드러냄

그런데도 K-접두사는 왜 붙이나?

○ 그럼에도 K-접두사를 붙이는 이유는 ① 이미 한류를 일으킨 K-POP, K-뷰티 등에 힘입어 '한류'라는 꼬리표를 달고 싶은 이유가 제일 큼. 그렇게 하면 콘텐츠를 홍보하는 과정이 한결 쉬워지는데, 즉 별도의 스토리텔링을 만드는 노력이 줄어들기 때문임. 여기서 외국인들이 공감하냐 못하냐는 문제가 되지 않음. 또한 ② 정부가 주체이거나 정부 지원을 받는 사업일수록 K-접두사를 붙여야만 해당 사업이 원활해지는 측면도 무시할 수 없음. 해당 사업을 겉에서 봤을 때 한국산 콘텐츠나 제품의 수출 논리가 명쾌하게 드러나 보이기 때문. 단기적인 실적을 중시하고 단순명료한 것을 좋아하는 관료일수록 K-접두사의 유혹에 빠져들기 쉬우나, 이는 실패로 이어지는 지름길이 될 수도 있음

출처: 한국문화산업교류재단(2016), 『한류스토리 8월호』, 'K 접두사' 버려야 산다

경제적 가치 창출에 몰두하는 한류 산업
한류 가치의 상업화에 대한 반성

"

한류 상품이 영상매체에서 출발을 해서
그 효과가 굉장히 크니까,
여기서부터 경제적 효과를 계산하기 시작한 것이라 생각되는데

> 지금 와서는 이런 분석들이
> 공허하게 들리는 면이 없지 않습니다.

- KBS월드 PD 배기형

결국 융합한류도 경제적 가치 창출에만 몰두한 나머지 한류의 본질을 놓치고 있다. 한류는 본래 문화의 영역이다. 그러나 최근의 한류는 문화라는 고유 가치는 사라진 채 시장주의적인 관점에 입각하여 경제적인 이익을 얻기 위한 수단으로만 여겨지고 있다. 일례로 '2015년 한류의 경제적 효과는 15조 6,124억 원으로 전년 대비 9.2% 증가하였다'와 같은 문구는 한류 관련 기사나 보고서 서두에서 가장 빈번하게 볼 수 있는 내용이다. 그러나 최근 한류에 따른 파급 효과가 문화 영역뿐만 아니라 경제, 정치, 외교 영역까지 전 방위적으로 확장되고 있다. 이에 따라 한류의 가치를 단지 경제적으로만 환산한 것에 대한 반성도 일고 있다.

윤현보 _ 한류 배우들이 해외에서 많은 인기를 얻으면서 어마어마한 수익을 얻게 된 것이 매우 좋은 기회가 된 것 같다. 〈별에서 온 그대〉에 출연한 김수현이 중국에서만 광고로 300~500억 원의 매출을 올렸다는 소문이 났고, 송중기가 〈태양의 후예〉 이후 그만큼의 매출을 올렸다는 소문도 들렸다. 정확한 숫자는 모르겠지만, 굉장히 좋은 대우를 받았던 것은 맞는 것 같다. 그런 고액의 출연료를 두고 중국 국민과 정부에서 이렇게 큰돈을 줄 필요가 있느냐 하는 문제의식과 반감이 생긴 것 같다. 그런 부분에 있어서는 한국의 엔터테인먼트사들의 욕심이 과하지 않았나 하는 반성을 하게 된다.

서병기 _ 미국의 할리우드 영화나 미드, TV 영상물 등 이런 것이 의식에 영향을 끼치고 취향에 영향을 줘서 미국 상품 구입과 연결이 됐다면 그것은 미류라고 말할 수 있다. 하지만 지금은 그런 것을 따지지 않는다. 초기에는 할리우드 영화가 우리의 것보다 앞서 있었고, 우리 영화와 할리우드 영화 간 수준 차이가 많이 났었다. 그 때문에 할리우드 영화 선호가 영화 속에 등장하는 제품의 선호로 연결될 수밖에 없었다. 하지만 〈태양의 후예〉 PPL을 통해서 현대자동차가 차 몇 대를 팔았다는 식으로 산술적으로 뽑아내 계속 그것의 총합을 만들어내는 건 좀 아니라고 본다.

배기형 _ 한류 상품이 영상매체에서 출발을 해서 그 파급 효과가 굉장히 크니까 이것을 좀 계산해 봐야겠다고 생각한 것이 시작일 것이다. 그런데 지금 경제적 효과라는 말이 공허하게 들리는 분들이 많을 것 같다. 예를 들어, 휴일을 하루 더 만들면 얼마의 경제 효과가 있고, 국제회의를 한 번 주최하면 얼마만큼 경제 효과가 발생한다고들 이야기하는데, 거기에서 언급하는 수익 300억과 200억은 큰 차이가 있겠지만 사실 개인에게는 별 의미나 느낌이 없는 거다. 구체화된 숫자로 결과를 나타내려 하는데 그것이 역설적으로 공허하게 들리는 것이다. 결국 성과를 계량적으로 측정하려는 진단에 대한 우리의 반성이 있어야 되지 않을까 생각한다.

한류의 경제적 가치와 측정 방법

기존에 한류의 가치를 경제적인 것으로 환산하다 보니 당연히 계량적 지표에 따라 평가할 수밖에 없었다. 그러나 한류에 전통적인 경제 지수나 수출 및 경제적 효과 개념을 적용하는 것이 과연 한류의 성과를 충분히 진단하는 방법이 될 수 있을지 깊은 의구심이 든다. 심지어 경제적인 효과를 추정함에 있어서 한류는 그 효과 범위를 정하는 것조차 쉽지 않다. 한류의 효과가 미치는 분야가 너무나 방대하기 때문에 그 범위를 기존 경제학에 기반을 두고 몇 가지로 한정짓기가 쉽지 않다는 의견이다.

심상민 _ 자원이나 자본과의 관계는 하루아침에 단절될 수는 없다. 투자한 것도 있고 인력도 왔다 갔다 할 텐데, 이런 효과가 우리의 수익으로 잡히지 않을 것이다. 오히려 중국이 자기들의 문화 산업 수익으로 잡을 것이다. 이때 한류에 대한 우리의 전통적인 경제적 효과의 개념이 바뀌게 될 텐데, 이런 경우 한류의 구체적인 효과를 국가 통계로 드러내기는 어려울 것이다.

김윤지 _ 그렇다. 지수나 경제 효과 등으로 추정할 때 연구자들이 가장 고민스러워 하는 부분이 과연 범위를 어디까지 잡아야 되느냐 하는 문제다. 2012년에 처음 작업을 할 때도 고민이 많았는데, 일단 취향에 의해 선택을 받을 수 있는 소비재까지만 제한을 하는 것이 맞다고 생각했다. 중후장대重厚長大 산업에까지 문화가 가미되기는 힘들고, 가격이 너무 좌우되는 그런 산업도 반영되기 힘든 건 마찬가지다. 오히려 약간 차별화된 소비자들만이 영향을 받는 것이 이론적으로도 토대가 있으니까, 그렇게 가는 것이 맞다고 생각했다. 그런데 생각과 달리 점점 옆으로 넓혀가기 시작했다.

〈태양의 후예〉의 경제적 효과를 쓸 때도 규모가 너무 작게 나와서 여기에 뭘 더해야 될까 고민했다. 재단에서도 관광 효과를 넣었으니까, 이걸 넣는 게 맞겠다 싶어 결국 관광 효과도 넣어보았다.

심상민 _ 서비스는 소비재가 아니니까.

김윤지 _ 소비재도 보통 화장품, 가공식품, 의료품, 휴대폰 정도 얘기했는데 자동차가 들어가니까 효과가 커진 거다. 〈태양의 후예〉 같은 경우도 자동차 신이 굉장히 많다. 그런데 마침 현대자동차에서도 드라마를 통해 수출 효과가 있었다고 발표해 주었다.

한류 산업을 논할 때 경제적 효과를 자꾸만 언급하게 된 것은 씁쓸하게도 콘텐츠 영역에 항상 자본이 부족한 결과라는 의견이 있다. 정부와 은행이 영세한 콘텐츠 기업들을 지원함에 있어, 숫자로 명시되는 한류의 경제적 효과가 그나마 객관적인 지원 명분이 되어주었다는 것이다.

김윤지 _ 경제적 효과가 왜 나오게 됐냐면, 콘텐츠 쪽에 항상 돈이 없었기 때문에 이 문제가 생긴 거다. 항상 돈이 없는데 정부 입장에서도 돈을 지원해 줘야 되고 은행 입장에서도 지원해 주고 싶은데 '이만한 데에 지원을 해주는 것이 무슨 의미가 있겠어?'라는 얘기가 자꾸 나온다. 경제 효과라는 것이 자꾸 강조되다 보니 결국 이런 식으로 결과를 제시할 수밖에 없는 거다.

―――

한류의 효과를 계량적으로 수치화하는 것 자체가 무의미한 것은 아니다. 가시적인 성과를 객관적으로 측정하고 그에 대한 지원과 제재를 가하기 위해, 그리고 그 효과를 비교하기 위해서도 계량적 측정은 필요하다. 아주 구체적으로 말하면, 산업의 발전과 지원을 위해 정부와 민간을 설득하기 위한 가장 강력한 수단이 '수치'인 것이다.

문제는 그 적용 방법과 범위가 논쟁적이라는 데 있다. 본래 문화란 전통 경제학과는 맞지 않는 부분이 많다. 시장의 공급과 수요 법칙에 따라 가격이 정해지는 것도 아니고, 산업 간 영향이 미치는 범위조차 가늠하기가 쉽지 않다. 더군다나 한류는 그 산업이 시작된 지 오래되지 않았기 때문에 경계가 모호한 부분이 많다. 한류 산업에 대해 계량적으로 접근하는 방법론이 통일되지 않다 보니, 기관에 따라 한류의 경제적 혹은 계량적 수치 간에 차이가 나타나곤 한다. 또한 한류 효과를 조사하는 기관이 일정하지 않고, 조사도 정기적으로 이루어지지 않고 있다는 문제점도 제기되고 있다.

배기형 _ 성과를 계량적으로 평가하는 방식의 문제가 뭐냐면, 콘텐츠를 'UX User Experience, 소비자 경험'에 맞춰야 하는데 가만 보니 한국은 BX(원래는 브랜드 경험 Brand Experience을 뜻하나, 여기에서 B는 Boss를 뜻함) 같다는 것이다. 소관 단체가 어디냐에 따라 그쪽에서 원하는 수치를 계량적으로 만드는 일, 즉 산술적 조작이 용이하다. 왜냐하면 수치에 맞출 수 있는 지표를 만들면 되니까. 어떤 조직이든 그곳에서 정한 수치들이 '수치를 위한 수치'가 아니라는 단서가 분명히 있어야 될 것 같다.

고정민 _ 맨 처음 한류의 경제 효과도 내가 하자고 제안해서 시작됐고 한류 지수도 내가 만들자고 해서 만든 것이다. 왜냐하면 그때 당시에는 한류에 대한 지수가 꼭 있어야 된다고 생각했다. 지수를 통해 전 세계에서 어느 지역이 한류가 강한지 파악할 수 있고, 그게 기업에도 도움이 된다고 생각했다. 하지만 경제 효과는 정말 주먹구구식으로 작성되는 것 같다.

김윤지 _ 계산하는 사람에 따라 달라도 너무 다르다.

고정민 _ 어디까지 포함시키느냐에 따라서 완전히 다르다. 2009년에는 소비재에 관광까지 포함시킨 반면 한글과 유학생 등은 포함시키지 못했다. 그런 걸 경제 효과에 넣기가 굉장히 어렵다. 계량적으로 평가하기가 어려우니까. 그런데 경제 효과 산정은 큰 의미가 없다. 사람에 따라 다르다. 예를 들어, 자동차 수출이 한류에 의해 얼마나 영향을 받았는지 어떻게 알 수가 있나? 모르는 거다.

이렇게 수치로 환산하는 것이 한국 사람의 취향이며, 결국 우리 국가 수준의 한계라는 주장도 있다. 과거 문화 산업에 대한 담론이 경제주의, 상업주의로 흘러가면서 한류 현상도 이러한 차원에서 주로 다뤄졌다. 그러나 한류는 지금까지의 경제적 지수로는 총체적인 분석이 불가능하다. 최근 전 세계적으로 경제 외적인 영역을 측정하기 위한 다양한 대안적인 지표

들이 개발되고 있는 추세다. 그렇다면 이제 한류의 효과 측정에도 그 가치와 의미를 보다 분명히 알기 위해 새로운 대안이 필요하지 않을까?

서병기 _ 나도 경제적 효과와 관련해 기사를 많이 써봤다. 그런 걸 한국 사람들이 좋아한다. 예를 들어, 싸이의 경제적인 효과가 얼마냐, 이것을 수치로 만들어 제목을 뽑는다. 한국 사람의 취향하고 연관이 있는 것 같다.

심상민 _ 그것이 우리 국가의 수준이다. 〈쥬라기 공원〉이 나왔을 당시, 김영삼 대통령 때부터 문화 산업 담론이 그렇게 경제주의, 사업주의 일변도로 흘렀다. 지금 한류가 한 20년쯤 되지 않았나? 현재 총체적인 분석이 안 되니까, 이런 논의가 나온 김에 대안을 모색해 볼 필요가 있다는 생각이 든다. 영국 같은 데서 행복지수를 매기기도 하고, UN개발지수라는 것도 있지 않은가. 어쨌든 경제 외적인 부분, 금전 외적인 부분으로 한류 효과를 확대해야 한다고 생각한다. 그게 실타래다. 중국에서 제재를 가한다고 하면 이것이 실제로 시장에서 소비자와 공급자에게 어떤 영향을 미치는가에 대한 자료를 내놓을 수 있어야 한다. 적어도 국가 수준을 높이려면 국가 통계가 정확해야 된다. 한류의 가치와 의미를 새로운 대안으로 보는 것이 하나의 솔루션이 될 수 있을 것인가를 생각해야 한다. 사회학적, 심리학적인 것도 당연히 개발되어야 한다.

계량화시켰던 한류 산업에 대한 반성이 잇따르고 있는 가운데, 한류 산업의 효과 분석에 대한 새로운 관점이 제시되었다. 지금까지는 한류 산업을

공급자 관점에서 바라보고 공급 대 수요의 관점에서 효과성을 측정했다. 그러나 반대로 수요자는 어떨까? 수요자 입장에서 한류의 영향력은 어떻게 측정할 것일까? 일례로 한류의 효과성을 확인할 때 외국인 유학생을 고려해야 한다는 주장이 나왔다.

유승호 _ 한류를 바라보는 시선이 이젠 조금 바뀌어야 될 시점이 아닌가 싶은 생각이 든다. 나는 한류의 제일 큰 시장이 유학생이라고 생각한다. 강원대만 하더라도 K-POP이 좋아서 유학 온 학생들이 많이 있다. 그 유학생들이 한 사람당 평균 1억을 쓰고 돌아간다. 우리도 아이들을 외국으로 유학 보내면 적어도 1억은 쓰지 않나.

심상민 _ 강원도 춘천은 한류 효과를 크게 보는 것 같다.

유승호 _ 춘천에 오는 이유는 서울에서 살 수 없기에 그런 거다. 서울이 너무 비싸니까. 하지만 강원대는 국립대라 등록금도 싸니까 오는 거다. 여기에선 서울에서보다 유학비가 반절로 줄어든다.
　춘천에 오는 이유가 또 있다. 한국어를 배우고 싶어서 오는 것이다. 우리 드라마를 제대로 보고 싶은 것이다. 이와 비슷하게 일본에서 유학하는 우리 학생들 중에 일본 애니메이션 때문에 그곳으로 간 이들이 상당수 있다. 어릴 때부터 일본 애니메이션을 보다가 일본이 좋아져서 그곳으로 유학 가는 아이들이 주변에 꽤 많았던 것 같다.

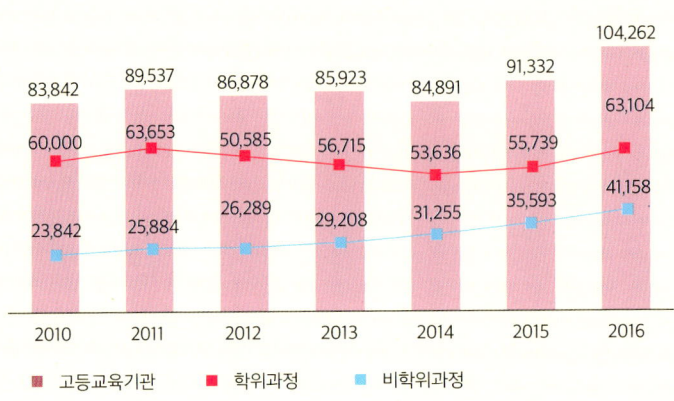

출처: 교육부·한국교육개발원(2016), '2016년 교육기본통계'

○ 2016년 고등교육기관의 외국인 유학생 수는 10만 4,262명으로 전년 대비 14.2%[1만 2,930명] 증가. 2014년 8만 4,891명으로 줄어들었던 외국인 유학생 수가 2015년부터 증가세로 전환되면서 2016년에 사상 처음으로 10만 명 돌파

- 유학생 가운데 학위과정은 6만 3,104명[60.5%]으로 전년 대비 13.2%[7,365명] 증가, 비학위과정 유학생은 4만 1,158명[39.5%]으로 15.6%[5,565명] 증가

- 학위과정 유학생 중 중국인이 61.7%[3만 8,958명]로 가장 큰 비중을 차지. 다만 비중 자체는 지난해보다 0.9%p 낮아져 지속적으로 감소 추세를 보임. 이어 베트남 유학생 3,466명[5.5%], 몽골 2,279명[3.6%], 미국 1,591명[2.5%], 일본 1,568명[2.5%] 등 아시아 지역 유학생이 대다수로 나타남

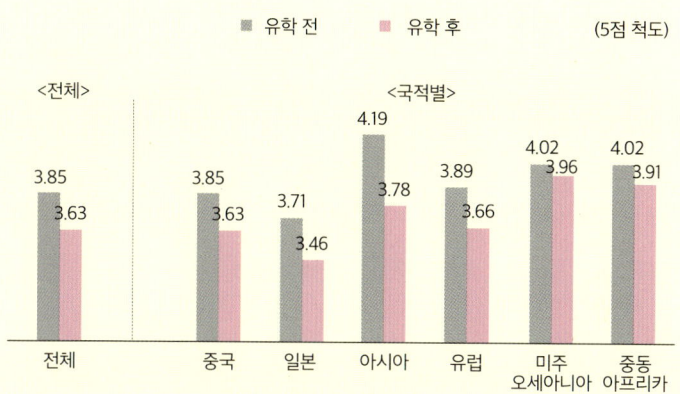

○ 한편 김찬석 외2015 연구에 따르면, 한국 유학 전 외국인 유학생들의 한국에 대한 호감도는 3.85점5점 만점으로 상당히 긍정적인 편이었지만, 유학 후에는 3.63점으로 감소
  - 유학 중 국가 이미지의 부정적인 변화는 한국인과의 교류에서 발생하는 불만족으로 인해 발생한 것으로 보여짐. 실제로 반한 감정이 발생하는 이유를 조사해본 결과 '한국인이 타국인과 타국문화를 차별하고 무시하기 때문'이라는 응답이 58.8%를 차지
  - 단기간 체류하는 관광객과 달리, 한국 사회에서 유학생이 하나의 구성원으로 살아가기 위해서는 인적 교류가 필수적. 하지만 이러한 부분에서 충족감을 느끼지 못하게 된다면, 국가 이미지에 악영향을 미칠 것. 이에 따라 유학생들에게 긍정적 구전을 기대하기 위해서는 한국 사회에서 외국인 유학생과 한국인 간 우호적 연대감 증진이 우선돼야 할 것

출처: 김찬석·박진수·김영기·문송이(2015),
외국인 유학생 대상 한류 문화교류 프로그램 개발 연구, 한국문화산업교류재단

주한 외국인 유학생의 한국 사회적응과 반한 감정 해소를 위한
외국인 유학생 한국문화탐방단 '아우르기'

사드, 그 이후의 한류

위기의 'K담론'과 지속가능한 한류를 위한 제언

지금 한류는 위기인가?
아니면 기회인가?

국내외 정치 사회적 이슈로 인해 한류 위기론이 팽배하고 있지만, 전문가들은 지금의 한류가 위기라고 여기기보다는 기회로 삼아야 한다는 데 의견을 모았다. 일본 시장과 전혀 다른 모습을 보이고 있는 중국 시장을 이해하고, 보다 효과적인 전략 수립에 박차를 가할 수 있다면 중국 외 새로운 시장으로 진출하는 계기로도 전환될 수 있다는 것이다.

또한 매너리즘에 빠져 있는 한류에 새로운 자극이 될 수도 있을 것이라고 평가하고 있다. 지난 20년 동안 한류가 주었던 수많은 혜택에 젖어 발전 없이 기계적으로 제조되던 대중문화가 중국발 한한령이라는 거대 외부 충격으로 인해 비로소 변화를 맞이할 시점이 된 것이다. 이런 측면에서 본다면, 작금의 사태를 한탄스럽게만 바라볼 것이 아니라 현명하게 도약을 준비하는 시기로 삼아야 하지 않을까.

윤현보 _ 사실 위기라는 것은 계속적으로 있었다. 방송 쪽은 특히 어려움이 많았었는데, 이번에 한한령 때문에 중국 시장의 위기론이 나온 것은 어떻게 보면 이전과 상황이 많이 다른 것 같다. 업계에서도 중국만 바라보고 비즈니스를 하는 것 자체가 리스크였다고 판단하기 때문에, 중국 시장이 조금 닫혔다고 해서 이것을 큰 위기라고 말하고 싶지 않은 것 같다. 어쨌든 이번 기회에 중국이라는 시장에 대해 배운 것이고, 또 어떻게 중국 시장을 더 전략적으로 진출해야 하는지 고민하게 된 계기가 됐다고 생각한다.

지금 우리나라의 제작사와 기획사들이 중국뿐만 아니라 아시아 시장, 나아가 유럽, 미국, 남미 등 전 세계 시장을 상대로 비즈니스를 펼치고 있다. 그렇기 때문에 현 상황에서 배운 점들이 좀 더 큰 시장으로 진출하는 계기로 발전해 나갈 수 있을 것이라 믿는다.

드라마, 예능, 영화, 음악 등 모든 분야에 있어서 우리나라 제작진의 노하우나 기술력은 전 세계 어디에 내놓아도 인정받는 수준이다. 때문에 앞으로도 쉽사리 어려움을 이겨내고 여러 가지 사업을 펼칠 수 있으리라 생각한다.

심상민 _ 예를 들어, 요즘 언론들이 살기 어렵다고 이야기한다. 종이신문 같은 경우는 바닥까지 내려갔다. 지금 종이신문이 어려운 이유는 클리셰cliche 저널리즘 때문이다. 20년 전 선배들이 하던 상투적이고 진부한 저널리즘의 틀에서 벗어나지 못하고 있는 거다. 그러다 보니 콘텐츠의 질이 개선되지 않은 것이다.

한류도 비슷하다. 10년, 20년 동안 탐닉하며 지내다 보니 어느새 타성에 젖어버린 것이다. 한류에 대한 개념이나 범위, 그런 콘셉트 자체가 굉장히 진부하게 흘러가고 있던 차에 이번에 중국의 외부 충격이 들어온 것이라고 보면 된다.

고정민 _ 체질개선, 창의성 제고 같은 것들이 필요하다. 우리나라 영화 산업도 2000년대 초에는 좋은 작품들을 막 쏟아냈다. 그러다가 2000년대 중반 이후에 매너리즘에 빠진 거다. 미국 〈버라이어티〉의 영화평론가 데릭 엘리가 한국에 와서 '한국 영화 산업은 창의성이 부족하다'고 쓴 소리를 냈다. 그 뒤로 '창의성이 결여돼 있다', '매너리즘에 빠져 있다' 같은 자성의 소리가 이어지더니 몇 년 후에 다시 영화의 질이 좋아졌다.

마찬가지로 한류 역시 이번 기회가 어떻게 보면 매섭지만 좋은 자극이 될 수도 있다. 그렇기에 이번 자극을 새로운 도약의 기회로 삼으면 좋을 것 같다.

> 한류가 태동한 지 어느새 20년 정도 흘렀다. 강산도 10년이면 변하는 것처럼 한류도 이제 구시대에 안녕을 고하고 새로운 모습으로 교체되는 시기를 맞이한 셈이다. 그렇기에 지금의 한류가 사드와 한한령으로 인해 수렁에 빠진 것이 아닌, 새로운 변화를 맞이하기 위한 교체비용을 지불하는 생산적인 시기로 보아야 할 것이다.

심상민 _ 한 달 전에 한한령, 금한령 이야기가 나왔을 때 마침 세미나를 했었는데, 그 이후로 지금까지 혼란스럽다. 그때도 이런 상황을 어떻게 파악해야 될 것인가, 이견이 좀 있었던 것이 사실이다. 천천히 생각해 보니 일견 과장된 면이 있었던 것 같기도 하다. 요즘에는 언론이 자극적인 기사를 쓰지 않으면 사람들이 읽지를 않으니까. 한류에 대해서도 흥미 위주로 크게 다루는 부분이 있었는데, 지금 와서 생각해 보면 다 원인이 있는 것 같다.

중국이 예전과 다르게 그들의 태도에 자신감이 줄어든 부분도 없지 않다. 즉 내부에서 뭔가 흔들리고 정돈이 안 되어 그 힘을 외부로 내보내는 것 같다. 그것이 무엇일까 줄곧 생각하고 있는데, 일단 한한령 같은 경우는 어떤 새로운 패러다임과 맞물린 것 같다. 중국의 정책 기조 변화가 공식적으로 정해진 게 아니라면, 뭔가 거대한 새 변화가 감지되는 문턱에 와 있는 것 같다. 경영학, 경제학에서 '교체비용 Switching Cost'이라는 말을 쓸 때가 있다. 중국도 교체비용을 겁내고 있는 것 같다. 우리나라도 지금 교체비용 때문에 긴장이 고조될 수밖에 없다.

한류가 처음 논의됐을 무렵에 사회학자와 인문학자들이 '문화적 횡단성'에 대해 이야기를 많이 했다. 한국 드라마에서 다루는 가족의 가치와, K-POP 스타들의 동양적인 세련됨 같은 것들을 베트남, 중국, 일본에서도 횡적으로 공감됐다는 것이다. 저 멀리 할리우드에서 온 문화는 거부감, 이질감, 거리감이 느껴졌지만, 한류에는 아시아적 가치가 뭔가 횡적으로 이어졌기 때문에 중국, 일본, 한국이라는 국가를 떠나 초국가적인 가치를 띠었다. 그런 공감대가 형성됐던 것인데, 그것이 20년 정도 지나면서 안녕을 고하게 된 것이다. 교체되는 시기를 맞이한 것이다.

중국도 내심 불안해하고 있다. 횡단성, 공감대라는 가치로는 더 이상 구시대 기조를 끌고 갈 수 없기 때문이다. 새로운 키워드를 생각해 보면 어쩌면 한류가 문제가 아니라, 브렉시트 Brexit, 이탈렉시트 Italexit, 트럼프 등으로 인한 체제 변화와, 세계 질서의 변화로 야기된 경제, 사회, 문화적 리스크에 대한 불안일지도 모른다. 불확실성 때문에 확실한 기조가 없다 보니, 내부적으로 불안해하는 증세가 아닌가 하는 생각이 든다. 이는 우리나라도 마찬가지다.

한류의 과거 20년을 있는 그대로 바라보면, 이제는 횡단성이라는 부분에서 어쨌거나 탈피할 수밖에 없는 상황이 왔다는 생각이 든다. 그래서 미래에 대해 투자를 하고 전략을 짜야 하는데, 과거와 현재를 뚫고 미래로 가는 통시성, 시계열성에서 어떤 기조가 우월하게 될 것인가에 대해 앞으로 많은 논의를 해야 할 것이다. 예컨대, 수요기반은 축적돼 있다. 중국에 이미 한류에 흠뻑 젖은 수요가 있기에, 우리가 지나치게 예민하게 걱정하지 않아도 될 만큼 아직 여지가 많다. 하지만 이런 시기에 한류로 그대로 가는 것은 문제가 있다. 이미 한류는 견제를 받고 있으니까.

우리가 고민해야 할 부분은, 어차피 지금 한류에 대해 문제 제기가 진행됐다는 점에서 한류의 본성, 한류의 기본적인 구도, 정책적인 방향성에 대해서 다시 한 번 생각해 봐야 한다는 것이다. 그 결과에 따라 궤도 수정도 이뤄져야 한다. 그것은 중국도 고심하고 있는, 예외 없이 모두 고심하고 있는 미래 문화, 미래 미디어 산업에 연결돼 있어야 한다. 고민을 하다 보면 서로 소통할 수 있는 여지가 생길 것이다. 예를 들면, 중국 사회과학원과 우리 한국문화산업교류재단이 함께 일하며 공통의 가치를 획득할 수도 있다. 그렇게 풀어나간다면 괜찮은 교체비용을 지급하는 것이니, 이후에 곧 생산적인 시기가 도래할 것이라는 생각이 든다.

지금 한류의 기회를 제대로 잡기 위해서는 대책과 새로운 전략이 필요하다. 한류 산업이 발전하기 위해서는 경제적 문제를 간과한 채 단지 문화적으로 자부심을 주었다는 것으로 끝내서는 안 된다. 중국에서 특정 콘텐츠가 크게 인기를 얻으면 주연 배우의 몸값은 천정부지로 치솟는다. 그런데 그 콘텐츠가 불법적으로 유통된 것이라면 제작사는 이윤을 얻지 못해 경영 사정은 악화될 것이다. 그로 인해 전작과 같은 좋은 콘텐츠를 만들 수 있는 선순환 구조가 무너지게 된다. 따라서 국내 콘텐츠 산업을 보다 탄탄하게 다지기 위한 대책과 더불어 한류의 지속을 위한 새로운 전략이 필요한 시기가 왔음을 직시해야 한다.

김정수 _ 불법이라도 어찌 됐든 중국 사람들이 많이 본다고 하면 한국 사람들 입장에서는 기분 좋게 느껴지는 것이다. 한류의 경제적인 효과뿐만 아니라 이런 심리적인 효과도 간과하지 말아야 한다. 한국 사람들이 뿌듯하게 느끼는 것, 이것이 국가적인 차원에서 굉장히 큰 효과라고 생각한다.

보통 사람들 입장에서는 '잘됐네, 기분 좋네'라는 느낌만으로도 한류가 충분히 한국에 기여한다고 생각하겠지만, 프로덕션하고 마케팅을 해야 하는 사람들 입장에서는 경제적인 문제를 무시할 수가 없다. 문화적인 자부심만 줬다는 것으로 끝나면 안 되기 때문에, 그 부분에 대해서 뭔가 새로운 대책이 있어야 된다고 생각한다.

안석준 _ 정책적인 지원, 그것은 굉장히 중요한 얘기다. 예를 들어 〈태양의 후예〉를 만들었는데 중국에 판권을 못 팔았다고 쳐보자. 불법적인 경로를 통해 드라마를 접한 중국인들 덕분에 배우 송중기는 중국에서 엄청난 인기를 얻고 돈을 벌겠지만, 그 많은 제작비를 들인 회사는 중국에서 수익이 없어 망할 수도 있는 것이다.

대학생 시절에 홍콩 영화를 너무 좋아해서 장국영 머리 스타일을 따라서 하고 주윤발 복장을 흉내 내 입곤 했다. 한국에서 그런 전성기 시절을 거쳤던 홍콩 영화 시장이 과연 지금 아시아를 주도하고 있느냐, 탄탄한 산업화가 되어 있느냐 하면 그건 아니다. 홍콩 영화 산업은 다 망했다. 그렇지만 주윤발은 아직도 할리우드에 가서 많은 돈을 벌면서 배우 생활을 하고 있고, 장국영은 아직도 우리가 기일마다 애도하고 있다. 유덕화는 여전히 중국에서 공연하면서 1년에 몇백 억씩 벌고 있다.

10년, 20년 후 아마도 빅뱅은 여전히 몇백 억씩 벌고 있을 거다. 그런데 우리나라의 드라마업계, 영화업계, 음악업계가 탄탄하지 못한 상태에서 우리 연예인들이 외국 나가서 돈 잘 버는 것만 내세운다면, 한류가 아시아의 중심이라고 얘기할 수 있겠느냐, 나는 아니라고 생각한다. 이건 굉장히 중요하다.

서병기 _ 버텨내는 것, 그 부분이 한한령 이후 중요한 과제가 될 것이다. 〈별에서 온 그대〉의 히트로 김수현만 돈을 벌면 안 된다. 출연 배우만 돈을 벌면 다음에 좋은 콘텐츠가 나올 수 있는 선순환 구조가 이루어지지 않기 때문이다. 높은 시청률을 기록하고, 해외 판매에 성공했음에도 불구하고 제작사에게 돌아가는 몫이 적을 때가 있다. 방송사와 외주 제작 형태에서 판권이나 소유권의 계약 문제가 생길 경우, 더욱이 한한령 상황에서 콘텐츠가 좋아 히트를 했는데도 내다 팔지 못해 손실이 나는 경우, 결국 불법 형태로 소비됨으로써 제작사가 얻는 이윤에 손실이 일어난 경우, 과연 제작사가 버틸 수 있을까 하는 생각이 드는 것이다.

일본의 오타쿠 산업을 취재한 적이 있다. 일본에는 대중문화뿐만 아니라 모든 영역에 오타쿠라고 하는 마니아들이 존재하고 있다. 이들에게 오타쿠 활동을 버텨낼 수 있게 하는 원동력이 어디에서 나오는지 취재를 했다. 예를 들어, 우리나라의 낚시꾼들은 온갖 종류의 물고기를 다 잡는데, 일본에는 딱 한 가지 어종만 잡는 오타쿠들이 있다. 평생 은어만 잡는 사람이 있고, 감성돔만 잡는 사람도 있다. 몇 십 년 동안 한 어종만 잡았기 때문에 그 종에 대해서만큼은 완전히 박사다. 우리 상식으로 잘 이해가 안 될 것이다. 그런데 그런 오타쿠가 생활을 유지할 수 있도록 돈을 대주는 곳이 다름 아닌 낚시와 관련된 산업이다. 어디서 돈을 주느냐 하면, 조구釣鉤 산업에서 준다. 조구 산업에서 1년 동안 감성돔만 잡으러 다니는 사람한테 지원을 해주는 것이다. 우리나라는 이런 관계 설정이 너무 약한 것 같다.

유승호 _ 한류 30년 위기론을 늘 생각해 왔다. 90년대에 한류를 이끌었던 사람들이 서태지와 아이들이었는데, 지금 'YG'의 양현석도 그 멤버다. 그들이 데뷔한 지 이제 30년쯤 됐는데 이 친구들도 이제 늙고 있다는 거다. 여태까지 한류 위기를 이야기할 때도 나는 한류 위기가 없을 것이라고 생각했다. 지속적으로 스타급 인재들이 나왔기 때문이다. 영화도 박찬욱, 봉준호 감독이 젊은 감각으로 작품을 잘 만들어냈는데, 이 친구들도 이제 40대, 50대가 돼버렸다. 물론 그들 밑에서 크고 있는 감독들이 있을 것이다. 그런데 그 젊은 친구들 기획력이 이들만큼 있느냐? 그건 아니라고 본다.

이제 큰 흐름이 IP지적재산권, Intellectual Property로 가고 있다. 이제 유통은 끝났다. 창작이 중요한 포인트다. 그런데 지금 업계에서는 한류 1세대 스타급에서 IP를 만들어내던 사람들밖에 보이지 않는다. 탁월한 역량의 기획자들은 게임, 영화, 드라마까지 전체 장르를 합쳐봤자 40~50명쯤 될 것이다. 이 50명의 스타급 기획자들이 사라지고 있는 상황에서 과연 포스트는 있는 것인가? 그렇기에 이제는 새로운 전략으로 가야 된다. 이렇게 가다가는 그냥 주저앉고 말 것이다.

미래 한류에 대한 담론

비선실세의 국정농단, 사드 배치 등 국내외 정치 사회적 이슈들로 인해 2016년 한류는 격랑을 맞는 등대만큼이나 외롭고 힘들었다. 하지만 '악동뮤지션'이 중국 상하이 공연 허가를 받았으며, 중국 수출이 불발된 드라마 <도깨비>와 <푸른 바다의 전설>에 대한 중국인들의 관심이 온라인을 뜨겁게 달구며 한한령 속에서도 한류의 온기를 확인할 수 있었다. 이러한 한류의 미래를 위해 산·학·연 전문가들은 크게 세 가지 차원에서 격정적인 논의를 펼쳤다.

첫 번째는 '산업적인 흐름'의 차원이다. 이제 한류는 국가로부터 독립하여 보다 시장주의적인 관점으로 전환할 필요가 있다고 언급하였다. 이를 위해 한류의 탈국적화와 서브브랜드 개발, 혹은 리포지셔닝을 제안하고 있다.

두 번째는 '한류 창작 모델'의 차원이다. 특별한 모델 없이 각 기업별로 개발되던 한류 콘텐츠에 기존 선진국가에서 적용되어 성공한 모델을 도입하는 방안과, 콘텐츠 창작의 주요 방안에 대한 논의가 제기되었다. 이는 4차 산업혁명이라는 새로운 미디어 환경에 보다 적합한 모델이라 할 수 있다. 무엇보다 창의적 IP에 대한 육성과 함께 인공지능이나 다중채널네트워크 등 기존 인프라와는 다른 새로운 미디어 환경이 점차 확산되고 있다는 점에서 이에 적합한 새로운 한류 콘텐츠의 개발이 필요한 상황이다.

마지막으로 '사회 흐름' 차원이다. 한류 지속을 위해 산업교류에 대한 사회적 분위기도 변해야 한다. 지금까지는 공급자 프레임에서 단방향으로 제공되었던 한류에 대한 반성과 쌍방향적 교류와 공생 차원으로의 인식 전환이 필요하다.

1) 산업적 흐름의 차원

한류의 '탈국적화'
순혈주의 한류로부터 '졸업'

우리는 그동안 한류 산업에 대해 지나치게 민족주의적인 감정을 가지고 있던 것은 아닌가 하는 반성이 든다. '우리', '한국', '민족'이라는 틀에 가두고선, 이에 대한 자긍심과 애착심에 스스로 도취된 것은 아닐까 싶다. 그러나 이미 한류는 탈국적화되고 있다. 한국 PD들이 중국 인력과 함께 작품을 만들고, 국내 주요 엔터테인먼트사들은 이미 거대 중국 자본에 잠식되었다. 중국과 일본은 탈국적화한 문화 콘텐츠를 이미 오래전부터 제작해 왔다. <와호장룡>은 대만 감독이 할리우드 자본으로 만든 중국 무협영화이고, <센과 치히로의 행방불명>은 중국을 비롯한 동아시아의 고전신화를 활용하여 일본 감독이 제작하였다.

이제 우리만의 소재를 바탕으로 콘텐츠를 제작해 국경을 넘어 수출을 해야 한다는 한류에 대한 고정관념에서 완전히 벗어날 필요가 있다. 즉, 좀 더 확장되고 응용된 시장주의적인 관점하에서 한류를 이끌어야 할 필요가 있다.

심상민 _ 우리가 알고 있고 공유하고 있는 한류 개념, 그 한류가 이제는 소멸됐다고 생각한다. 지금 판교에 6조 원의 중국 자금이 들어와 있다. 그리고 우리나라 주요 엔터테인먼트사의 사모펀드에도 중국 자본이 적지 않다. 홍콩 화교계 자본도 있다.

그런 면에서 보면, 표현이 좀 거칠기는 하지만 한류는 발전적으로 소멸될 수밖에 없다. 홍콩의 경우만 봐도 중국 영토 반환과 함께 그들의 문화적인 영향력이 완전히 사라져버린 건 아니다. 미국 할리우드에서 〈와호장룡〉과 같은 여러 형태로 도전을 취했고, 그것이 다시 돌고 돌아서 중국의 새로운 미디어 산업에 영향을 끼치고 있는 것이다.

그렇기에 우리는 고정관념에서 완전히 벗어날 필요가 있다. 국경을 넘어서 수출되어야 한다는 무언가에 대한 집착, 특히 정책적인 통계에서 조금 홀가분하게 벗어난다면 그동안 한류에서 이루어졌던 결과들이 축적되고 그것이 다른 형태로 발전할 수 있다고 생각한다. 산업적으로도 이제는 합작을 넘어서 공동 프로젝트를 많이 하니까, 그런 부분에서 긍정적인 측면, 부정적인 측면이 공존하는 단계라고 생각한다.

배기형 _ 궁극적으로는 정책이 시장을 이길 수 없으리라고 생각한다. 예를 들어, 사드 문제 말고도 다음에 비슷한 이유가 계속 생겨날 것이다. 결국 이것을 해결할 수 있는 방법은 교역이다. 한류 콘텐츠가 여러 국가에 많이 퍼지면 교역이 그만큼 많이 발생하고, 또 교역이 자주 발생하는 데서 한류 콘텐츠가 많이 소비되는데, 지금 벌써 몇 달째 그 길이 막혀 있다. 막힌 길을 빨리 뚫어줘야 한다. 그것을 할 수 있는 가장 큰 방법이 우회하는 거다. 결국 글로벌프로듀싱 얘기를 다시 하게 되는데, 예를 들어 지금 한국인들이 중국에서 프로듀싱하는 것, 그런 것은 사실 장려해야 할 부분이다.

그렇게 해서 중국이 이득을 얻는다 하더라도 그 원천 오리지널을 한국이 소지하고 있다면 상관없다. 아이폰을 아무리 중국에서 조립한다 하더라도 결국 미국 제품이라는 것을 모두가 아는 것과 마찬가지다.

중국의 자본을 이용해서 거기에 한국이 강한 콘텐츠 제작, 스토리텔링, 디지털 기술 등 우리의 장점들을 펼치면 된다. 이때 중국 스태프들을 많이 참여하게 한다든가, 아니면 중국 네티즌 의견을 듣는다거나 해서 한류의 국가주의를 희석시키고 글로벌프로듀싱으로 가는 것이 방법이라고 생각한다.

심상민 _ 〈센과 치히로의 행방불명〉을 스튜디오 지브리에서 창작할 때 『산해경』이라는 중국의 고전 신화집을 활용했다고 한다. 『산해경』에 등장하는 상상 동물 중에 하나를 참고해 '가오나시' 같은 캐릭터를 만들었다. 그것이 지금 우리가 생각하는 한류와 같은 패턴이다. 일본은 동양인들이 공감할 수 있는 스토리를 활용해 아시아적 가치를 구현하는 것에 성공했다. 하지만 지금 미야자키 하야오가 후계자를 구하지 못해 스튜디오 지브리가 디지털컴퓨팅 집단에 의해 거의 소멸됐다.

그런데 이런 방식이 다시 부활하는데, 바로 2016년 7월에 나온 게임 〈포켓몬 GO〉다. 우리가 눈여겨보고 따라가야 할 부분이라고 생각한다. 〈포켓몬 GO〉를 두고 우리 언론에서는 그 게임이 요괴 문화를 기반으로 삼았다고 얘기한다. 딱 거기까지만 보는 것이 우리 언론의 한계다. 사실 그 요괴 문화는 『산해경』에서 그대로 가져온 것이다. 그 원천이 일본 게 아니라 『산해경』이었던 것이다. 『산해경』은 동아시아 신화를 담고 있으니, 일종의 『그리스 로마 신화』 같은 것이다. 포켓몬의 몬스터는 맨 처음에 152개였는데, 지금은 시리즈가 7편까지 나와서 오타쿠들이 8,000개까지 만들어냈다.

중국 고전 신화집 <산해경>을 기반한 AR게임 <포켓몬GO>

〈포켓몬 GO〉는 AR 증강현실게임으로 미래 지향적인 산업, 즉 4차 산업혁명에 포석을 두고 있다. 물론 〈포켓몬 GO〉와 같은 AR 게임도 미국이 과실을 많이 얻고 있지만 〈포켓몬스터〉의 닌텐도도 어마어마한 다운로드 수익을 보고 있다. 이런 〈포켓몬 GO〉 열풍을 두고 우리는 일류日流라고 이야기하지 않는다. AR 게임이라는 것은 핀란드도, 미국도, 우리도 할 수 있는 것이다. 그런 면에서 일본은 고맙게도 한계를 뛰어넘는 선례를 보여줬다. 우리도 그런 사례를 참조해 지금의 혼란기를 단축시켜야 할 것이다.

우리 또한 VR 게임에 대해 기대를 많이 했던 게 사실이다. 리서치 데이터를 보면, 2020년도에 AR 게임 시장이 VR 게임의 4배로 커진다고 한다. 사실, VR 게임이 좀 불편하다. 이에 비해 AR 게임은 굉장히 편리하고 엔터테인먼트와도 보다 쉽게 결합할 수 있다. 아직까지 우리 사회가 문화 산업의 미래에 대한 리더십과 논의가 굉장히 부족한 상태인 것 같다.

> **실리적으로 이제
> 한류를 '졸업'해야 될 때라고 생각합니다.**
>
> – 성신여자대학교 미디어커뮤니케이션학과 교수 심상민

전문가들은 한류를 보다 경제적인 관점으로 전환시킬 필요가 있다는 데에 동의를 한다. 그래야 정치 외교적 이슈와 상관없이 한류가 객관적인 가치를 지닐 수 있을 것이다. 물론 완전히 국가와 별개가 될 수는 없겠지만, 지금까지의 한류와는 다르게 국가 브랜드에서 탈피하여 독립적인 위치를 차지할 필요가 있어 보인다.

이를 위해서는 기존에 가지고 있던 순혈주의 한류에서 졸업할 필요가 있다. 사실 한류는 이미 '이종 문화'다. 스웨덴 작곡가가 만든 음악을, 미국 안무가가 만든 안무에 맞춰서 중국인, 태국인, 일본인, 한국인이 속한 아이돌 그룹이 부르는 노래. 국적성이 없다고 보아도 무방한 이 노래의 장르는 K-POP이다. 그 옛날에도 이탈리아 화가인 다빈치가 프랑스 왕실의 후원을 받아 <모나리자>를 남긴 것처럼, 문화 영역에서는 혼혈주의를 받아들여야 하지 않을까.

심상민 _ 한류의 나이를 추정해 보면, <겨울연가>를 기준으로는 15년 정도이고, 그전부터 진행된 것이라고 보면 20년 정도 됐다고 볼 수 있다. 어느덧 성년이 된 것이다. 정책적인 기조도 이제는 한류를 졸업할 때가 됐다고 생각한다. 한류가 소멸됐다고 표현하면 좀 서글프니까, 그래서 뭔가 새로운 길로 나아가야 된다는 생각을 하게 된다.

간단하게 말하자면, 우리가 그동안 변방에서 누려왔던 단편적인 한류에 대한 생각을 졸업시켜야 한다. 경제적인 관점에서 볼 때도 마찬가지다. 중국이 벌여놓은 아시아 정책의 르네상스, 즉 서양과 우리가 대적하고 그들을 능가할 수 있는 큰 그림 안에서 움직일 필요가 있다. 만약 거기에 우리가 합류하게 되면 훨씬 더 파이가 커질 것이다.

　한류 종사자를 비롯한 우리 모두가 순혈주의가 너무 강한 것이 문제가 될 수 있다고 생각한다. 이번 기회에 좀 벗어나야 되는데, 앞으로는 어차피 섞이는 것이라면 혼성, 혼혈하면서 중국과도 같이 할 수 있는 그런 쪽으로 운신의 폭을 넓혀야 하지 않을까 생각한다. 실리적으로 그것이 필요하다고 본다. 이제 한류를 졸업해야 할 때가 되었다고 생각한다.

　서병기 _ 다양한 외국인들을 참여시키는 것이 중요하다고 생각한다. 예를 들어 SM이 잘하고 있지만, 사실 SM이 내놓은 음악들은 우리나라 음악이 아니다. 이건 SES 때부터 시작했다. SES를 데뷔시킬 무렵인 17년 전에 이미 유럽의 작곡가를 기용했던 것이다. 이런 작업 방식은 어떻게 보면 굉장히 무국적성을 띠는 음악의 탄생 과정이라 볼 수 있다. 꼭 모든 것을 우리나라에서만 만드는 것이 중요한 게 아니다. 다양하게 가면 훨씬 더 좋은 결과물이 나올 수 있다고 생각한다.

　김정수 _ 한류가 진짜 한국의 전통문화일까? 사실은 잡탕문화에 가깝다. 잡탕이라는 말은 좀 그렇고 혼종문화, 즉 '하이브리드 컬처Hybrid Culture'라고 표현하는 것이 좋을 듯싶다. 저는 한류가 오히려 하이브리드 컬처라서 성공했다고 생각한다. 그런 면에서 국적이 드러나지 않게 지우는 것도 의미가 있다. 중국처럼 이미 한류가 시작된 곳이 아닌 지역으로, 즉 K-POP도 잘 모르고 한국 드라마나 영화도 잘 모르는 곳을 찾아서 일종의 편대를 형성하듯이 가면 서로 간에 상승작용이 있을 것 같다는 생각이 든다.

　현장에서 어떻게 될지는 잘 모르겠지만, 한류를 잘 모르는 곳에 그냥 덜렁 드라마 하나, 가수 하나 내놓는 것보다 그런 식으로 집중적으로 진출하는 것이 오히려 비즈니스 차원에서 낫지 않을까 하는 생각이 든다.

한편 한류 콘텐츠의 생산 측면에서 순혈주의를 탈피해야 하는 것처럼, 소비 측면에서도 순혈주의를 경계해야 할 것이다. 한류의 영향은 해외뿐만 아니라 사실 국내에서도 강력하다. 대중문화의 발전을 위해서는 다양한 문화를 접하는 것이 필요한데, '메이드 인 코리아' 콘텐츠만을 집착한다면 결국 창의성에 한계가 올 수 있을 것이다.

김정수 _ 우리나라 대중문화가 발전하게 된 중요한 이유가, 해방 이후 몇 십 년 동안 서양과 일본의 대중문화를 그냥 소비했던 것이 어느새 내공으로 쌓인 결과라 생각한다. 그것이 90년대를 지나면서 폭발적인 에너지를 낸 것이다. 전에 논문을 쓰면서 자료조사를 했더니, 한류가 발생한 그 시점 이전에는 외국의 대중문화 수입이 엄청나게 많았다가 한류 발생 이후 그 수치가 완전히 역전되었다고 한다. 당시 가르치던 학생들에게도 물어봤다. 본인 핸드폰에 담아둔 음악파일에서 팝송하고 한국 노래 중에 어느 것이 더 많은지 물었는데 대부분 한국 노래가 많다고 했다.

그런데 이런 점이 앞으로 우리나라 대중문화계를 생각하면 독약이 될 수도 있겠다는 생각이 들었다. 순혈주의가 위험하다는 말에 전적으로 동감한다. 지금 K-POP이 잘되고 한국 드라마가 잘되고 한국 영화가 잘된다고 해서 우리 젊은 층이 그것만 소비하게 되면 나중에는 그 밥에 그 나물만 되지 않을까 우려가 된다. 그런 면에서는 우리가 잘 몰랐던 외국의 것을 자꾸 소개하고 소비하는 것이 필요할 텐데, 그런 부분도 정부의 역할이 아닐까, 재단의 역할이 아닐까 생각한다.

예전에 배철수 씨가 〈무릎팍도사〉에 나와서 자신의 고민거리로 '요즘 젊은이들이 팝송을 너무 안 듣는다'고 말한 적 있다. 그의 말이 우스갯소리가 아니라 앞으로 진짜 심각한 문제가 될 수도 있다고 생각한다.

엔터테인먼트 비즈니스에서 가장 중요한 것은 다름 아닌 권리right다. 어떤 감독을 쓰고 어떤 가수가 노래를 불렀는지는 상관없이, 그 콘텐츠에 대한 권리를 누가 가지느냐가 가장 중요하다고 한다. 이는 순혈주의에서 벗어나 탈국적화를 꿈꾸는 한류의 자립에 있어 가장 중요한 포인트가 될 것이다.

안석준 _ 엔터테인먼트 비즈니스에서 가장 중요한 것은 라이트right, 즉 '권리'다. 어떤 감독이 영화를 만들었는지, 어떤 가수가 노래를 불렀는지는 상관없다. 결국엔 그 권리를 누가 가졌느냐 하는 부분에만 집중된다. 영국 가수들이 미국에 진출했을 때, 영국이 침공했다고 미국에서 난리가 난 적이 있었다. 그런데 런던올림픽 폐막식에서 '이 사람들이 영국 가수였어?' 할 정도로 너무나 유명한 영국 가수들이 나와서 노래를 불렀다. 그런데 그 사람들은 미국 회사와 계약돼 있었다. 그 사람들 노래에 대한 권리도 미국이 가지고 있었다. 이 사람들을 과연 영국 가수라고 할 수 있을까? 그래서 영국이 여기에 대해서 자부심을 가질 수 있을까? 권리는 다 미국이 가지고 있는데, 실질적으로 영국 사람들이 그들에게 열광하며 사주는 음반과 콘서트 비용 등 모든 것을 미국이 다 가져가는 것인데도 말이다. 다시 말하지만, 권리를 누가 가지고 있느냐, 이것이 굉장히 중요하다.

한편 한류의 탈국적화에 대해서 상반된 의견이 표출되기도 했다. 한류는 기존의 주류 문화와 다른 면모 때문에 감성을 자극하고 수요를 자극해 왔다. 따라서 주류 문화와 완벽하게 어우러지기 전까지는 한국적인 특색을 강조하고 이를 더욱더 지원해 주는 게 옳다는 것이다. 예를 들어 미국이나 일본은 다수의 국가에서 좋지 않은 이미지를 갖고 있기 때문에 자국의 색깔을 지우는 것이 유리하지만, 한국의 경우 오히려 한국적인 것을 다양하게 내세우는 것이 전략적으로 유리하다는 것이다.

전형화 _ 탈한류여야 한다는 것에 대해 조금 다른 생각을 갖고 있다. 한류라는 대중문화 콘텐츠가 각 나라의 중심 문화, 즉 주류 문화에 뛰어들지 못하는 한 한계에 부딪힐 수밖에 없다고 생각한다. 예컨대 비틀스가 미국 음악 시장에 진출했을 때 미국인들은 처음엔 '브리티시 인베이전British Invasion, 영국의 침공'이라며 경계했지만, 비틀스의 음악이 주류 음악이 되면서부터 아무도 구분하지 않았다.

지금 한류 역시 아시아 또는 여러 나라의 주류 문화가 아니기 때문에 오히려 주류 문화로 진입하기 전에 한국적인 특색을 더욱 신경 써야 한다고 생각한다. 한국적인 특색이 결국은 그들의 감성을 자극하고 수요를 자극하는 것인 만큼, 오히려 거기에 더욱더 지원해 주고 또 응원해 주는 것이 옳다고 생각한다.

김정수 _ 탈국적화에 대해 두 가지 상반된 생각이 동시에 드는데, 제조업 쪽 시각으로 보자면 한류가 소멸됐다고 하는 게 맞다. 옛날에 한국 사람이 한국산 부품으로 한국 제품을 만들어서 외국에 수출하는 식의 '메이드 인 코리아 Made in Korea' 시대는 이제 거의 사라진 것 같다. 어떤 식으로든 변화가 있어야 될 텐데, 한류에서 문화적인 쪽을 강조할 것인지 아니면 한류에서 경제적인 이익을 강조할 것인지 명확하지 않은 것 같다. 문화적인 이익을 강조하다 보면 경제적인 손실을 감내할 수밖에 없고, 경제적인 이익을 강조하게 되면 자본을 투자한 쪽에서 한국 감독, 한국 배우를 가지고 영화를 만들게 되는데 이것이 과연 한국 영화인가 하는 의문도 나올 수 있는 것이다. 이제 메이드 인 코리아식의 한류 개념은 벗어버리고, 굳이 한류라는 것에 얽매이지 말고 실질적인 경제적 이익 위주로 나가는 것이 한 방법이 될 수도 있을 것이다.

또 한편으로 이런 생각도 든다. 국제사회에서 미국이 그동안 패권국가로 군림하면서 안 좋은 이미지가 많이 있었고, 일본은 어쨌든 패전국이었다는 원죄 비슷한 것이 있기 때문에 미국이나 일본은 세계 시장으로 진출하기 위해서는 자국의 색깔을 지우는 것이 유리할 수도 있다. 그러나 한국 같은 경우는 국제사회에 못된 짓을 한 적이 없으니까, 오히려 못된 짓이고 잘한 짓이고 간에 국제사회에서 무엇이든 알리기 위해 차라리 K-뷰티부터 시작해서 'K'자를 넣은 사업만 가지고 편대식으로 쭉 나가는 것은 어떨까 하는 생각을 가져본다. 코리아를 강조하는 것이 주류에 편입되기 전까지 오히려 전략적으로 좋을 수도 있지 않을까 하는 생각을 동시에 해본다.

하지만 한류를 탈국적화시킨다 하더라도 한국이라는 국가에 대한 총체적인 이미지는 필요하다. 한류는 한국이라는 국가와 완전히 독립될 수 없기 때문에 한국이라는 나라에 대한 구체적인 이미지 창출과 더불어 이에 대한 브랜드화가 동시에 이루어져야 한다는 시각이다. 한류 산업이 진출할 때 'K'를 쓸 것이냐 아니면 무국적 브랜드를 쓸 것이냐 하는 선택은 전략적으로 접근해야 하지만, 'K'를 쓸 때는 분명 '한국'에 대한 이미지를 떠올릴 수 있도록 해야 한다.

전형화 _ '한류의 국가 브랜드화를 언론에서는 어떤 프레임으로 다루고 있는가?'에 대한 답부터 얘기하겠다. 일단 한류라는 것 자체가 한국 연예인을 중심으로 한 대중문화 콘텐츠를 가리키는 말이었고, 수요에 의해서 형성됐기 때문에 한류를 다룰 때는 주로 수요자들의 반응에 대해서 다루었다. 그런데 어느 순간부터 한국적인 특색이 있는 여러 산업들에 'K'자를 붙이기 시작했다. 하지만 각 시장에 수요가 형성돼 있지 않기 때문에 이번에는 공급자 프레임으로 언론에서 다루고 있다. 'K'가 편대로 나가야 된다, 이런 것에 대해서는 K, 즉 코리아라는 것이 어떤 총체적인 이미지를 갖고 있느냐는 것이 가장 중요할 것 같다.

2007년 칸영화제에 갔을 때 일본 에이벡스가 영화 산업에 진출한다며 파티를 연 적이 있었다. 파티에 쓴 비용이 39억 정도라고 해서 깜짝 놀랐다. 그런데 파티에 갔더니, 일본 붓글씨 장인이 모든 사람들에게 붓글씨로 이름을 써주고, 스시 장인이 초밥을 직접 만들어줬다. 각 테이블에는 일본의 유명 사케들이 놓여 있었다. 그리고 맨 마지막에 펼쳐진 파티의 하이라이트는 일본 에이벡스 사장단이 일본 전통 속옷인 훈도시를 입고 벌이는 술통을 깨는 퍼포먼스였다. 그때 느낀 것이 '아, 여기는 일본이구나' 하는 느낌이었다. 그 자리에 참석한 전 세계 기자들이 나와 비슷하게 느꼈을 것이다. 그런 비슷한 행사를 우리나라에서 한다면 '과연 여기는 한국이구나' 하고 느낄 만한 것이 무엇이 있을까 생각해 봤다.

한류가 지금 대중문화를 기반으로 여러 가지 것들을 퍼트리고 있는데, 정책 당국에서 대중문화뿐만 아니라 한국의 문화에 대한 전반적인 이미지를 어떻게 설정하고, 어떤 식으로 한국이라는 나라에 대한 구체적인 이미지를 갖게 하느냐가 보다 중요한 것 같다.

안석준 _ 단일 업종이나 아니면 단일 제품으로 진출할 때 K를 쓸 것이냐, 아니면 무국적 브랜드를 쓸 것이냐 하는 것은 사실 전략적으로 접근하는 것이 맞는 것 같다.

만약에 이것을 종합적으로, 하나의 기업체나 사업자의 입장에서 생각하는 것이 아니라 국가적인 입장에서 생각한다면 이것은 당연히 붂어서 가는 것이 맞다. 사람들의 관심이 어떤 애니메이션이나 영화나 드라마나 가수나 연예인으로 향했다가, 그다음에 그 나라의 음식, 그다음에 그 사람의 패션, 그리고 그 사람이 있던 지역에 대한 관심이 결국 관광으로 연결되는 것이다. 이렇게 연결되듯이 K-문화 산업과 제조업, 관광업이 다 연결되어서 가는 것이 맞는 것 같다.

한류 리포지셔닝과 서브브랜드 개발

한류가 지속되기 위해서는 지금의 한류에서 벗어나 새로운 의미가 담겨야 하는데, 이에 대해서는 의견이 분분하다. 앞에서 언급했듯이, 한류가 지속되기 위해 탈국적화만이 해답은 아닐 것이다. 그렇다고 지금의 한류를 고수하자는 의미도 아니다. 한류를 리포지셔닝re-positioning하여 독특한 우리만의 스타일로 경쟁력을 갖추자는 주장이 제기되었다. 예를 들어 포지셔닝 자체를 아시아적인 것으로 잡아 아시아 문화 산업의 독특함을 한류가 대표한다는 식으로 접근한다면, 세계 시장으로의 진출은 보다 안정적일 것이다.

채지영 _ 우리가 살아남는 길은 결국 독특한 우리만의 스타일을 갖는 방법밖에 없다고 생각한다. 예를 들어, JYP가 무작정 미국에 가서 죽자 살자 진출하려고 했을 때는 실패했지만, SM이 나름대로 대접받으며 진출할 수 있었던 것은 아시아에서의 대표주자라는 타이틀로 갔기 때문이다. 이렇듯 아시아 문화 산업의 독특함을 내세우며 포지셔닝positioning해 나가는 전략이 필요하다.

심상민 _ 맞다. 한류, 한류 하지 말고 아시아 대표로 나가야 한다.

채지영 _ 아시아 젊은이들의 문화를 대표하는 음악, 드라마라는 식의 포지셔닝을 해서 갖고 나갈 때 비로소 세계 시장에 보다 쉽게 접근할 수 있다. 미국과 비교하면 우리의 것은 굉장히 작은 문화 산업이기는 하지만 그래도 나름의 위치를 가지고 서양의 문화 산업 쪽에도 진출할 수 있는 길이 있을 것이다. 말로만 다각화가 아니라 실질적으로 다양화해야 한다. 사실 문화 산업은 정치 사회적인 여러 가지 외생변수에 타격을 많이 받는다는 점에서, 어느 한쪽에서 타격을 받아도 살아날 수 있는 여러 가지 길을 열어 놓을 수밖에 없는 것 같다.

> 한류의 탈국적화를 강조한 전문가들은 한류의 리포지셔닝re-positioning이 아닌 서브브랜드sub-brand화를 주장하였다. 지금의 한류는 이미 국가 브랜드와 결탁되어 있기 때문에 이 의미를 희석시키는 것이 그리 녹록치 않다는 근거에서다. 그렇기 때문에 한국이라는 지역에서 벗어나 '뉴욕 스타일' 처럼 도시 이름을 적용한 서브브랜드로 만드는 것이 하나의 대안이 될 것이리고 설명히었다.

배기형 _ 한류라는 브랜드 자체를 다수의 국가들에서 이미 인정하고 있고 우리가 계속 지켜야 되는 가치라는 점에서, 한류와는 좀 다른 서브브랜드 개발이 필요한 것 같다. K로 나간 것은 약간 실수였다는 생각이 든다.

장병희 _ 한류의 '류流'가 영어로는 웨이브wave다. 웨이브는 쌍방향으로 흐르는 것이 아니라 한쪽으로만 흘러가는 것이니까, 이 의미를 탈색시킬 필요는 있다. 한류가 이미 국가 브랜드화되어 있기 때문에 시간은 좀 걸

리겠지만 정부와 분리할 필요가 있겠다는 생각이 든다. 이번에 왜 중국이 이렇게 치고 들어왔을까 생각해 보면 우리가 자초한 면이 있다. 한국 정부를 간단하게 공격할 수 있는 방법이기 때문이다. 장기적으로 봤을 때는 이름을 바꾸는 것도 생각해 볼 필요가 있다. 미국이나 다른 데처럼 도시명으로 짓는 것도 괜찮을 것 같다.

심상민 _ 한류라는 브랜드가 과거의 유물이어서 버리기보다는 계속 살릴 수밖에 없다고 얘기를 하시는데, 얼마 전 이수만 회장과 '중국향', '아시아향'에 대해 이야기를 했다. 이수만 회장이 대단한 것이 장이머우 감독하고도 프로젝트를 했다는 것이다. 그는 세계에서도 인정받는 아시아 대표 프로듀서가 아닌가. 이것만으로도 레이블이 되는 것이다. 한류를 약간 탈색하는 정도가 아니라 탈피하고 서브브랜드로 한류를 부둥켜안는 게 좋겠다.

배기형 _ 예전에 서울시가 서브 슬로건으로 '소울 오브 아시아 Soul of Asia'를 내세운 적이 있다. 이와 비슷하게 '컬처 오브 소울 Culture of Soul'은 어떨까 싶다. 이러한 슬로건 하에서 보자면, 우리의 소울이 한국 드라마에 담겨 일본인의 감성을 울리는 데 성공했다고 볼 수 있다. 중국 같은 경우는 한국의 세련된 포스트 모던한 소울이 성공하지 않았을까 하는 생각이 든다.

심상민 _ 도시명으로 하는 사례는 어디가 있는지?

배기형 _ '뉴욕 스타일'이라고 하면 딱 떠오르는 것이 있다. 그것은 미국이 아니라 뉴욕의 스타일이다. 지금도 어떤 스타일을 두고 한국에서 만들어진 콘텐츠가 아니어도 '한국 스타일'이라고 부를 수 있을 만큼, 충분히

'한국 스타일'이라는 브랜드의 가치를 느끼고 즐길 수 있을 것 같다.

고정민 _ 서브브랜드는 괜찮을 것 같다. 요즘 전 세계적으로 지역사회가 뜬다. 옛날에 외국으로 여행 간다고 하면 대부분 수도만 갔다. 그런데 요새는 일본에만 가더라도 도시보다는 지방을 오히려 선호하고 있다. 아마도 유일하게 관광객이 수도로만 몰리는 나라가 우리나라일 것이다. 서울 외에는 쳐다보지도 않는다.

서병기 _ 며칠 전 부산에서 열린 '원 아시아 콘퍼런스'에 참가했다. 참가하기 전에 커피를 한 잔씩 하는데, 부시장이 와서 부산에 한류가 있느냐고 물었다. 그 말인즉, 한류의 99.9%가 서울 한류가 아니냐, 한류라는 게 서울을 베이스로 한 것이지 부산에 무슨 한류가 있느냐는 뜻이었다. 사실 부산영화제 외에 부산이 한류와 관련된 특성이 거의 없다고 보는 것이다.

하지만 부산에는 아시아적인 문화 가치가 있다. 부산영화제의 출발은 아시아영화제였다. 하지만 기존의 노교영화제와 차별화하기 위해 비경쟁 영화제 방식을 선택한 것이다. 그런 이유로 부산영화제는 경쟁 영화제가 아니다.

광주에 국립아시아문화전당이 있다. 세미나 때문에 방문한 적이 있었는데, 이곳의 재단 이름도 아시아에서 출발했다. 그런데 이제 아시아뿐만 아니라 미국과 유럽에도 한류가 뻗어나가고 있으니 아시아라는 이름은 좀 안 맞는 것 같다. 그럼에도 서브브랜드 만들 때 아시아라는 이름을 붙이는 경우가 의외로 굉장히 많은 것 같다.

한류의 국적성, 특수성을 넘어서 보편적인 의미에서 아시아류도 제안하였다. 그러나 아시아 역시 중앙아시아, 남아시아, 유라시아 각각의 문화가 다르기에 이를 일반화시키기에는 어려움이 있다. 또한 아시아라는 단어에도 영토주의적인 색채가 드러나기에, 특히 자신들이 아시아를 넘어 세계의 중심이라 믿는 중국에서 반발이 심할 것이라는 반론도 나왔다.

심상민 _ 아시아라는 단어도 사실 브랜드로 하기엔 적합하지는 않다. 중앙아시아, 남아시아, 유라시아가 포함되니까. 지금 꼭 아시아로 정해야 하는 것은 아니지만, 한류가 우리 국적성, 특수성을 포함하고 있기 때문에 보편적인 것으로 가야 되는 게 맞다. 미래지향적으로 보면 어쩔 수 없다. 한류는 이미 고정된 것이라고 하는 말에 동의하지 않는다.

장병희 _ 한류라는 말이 중국에서 나왔다. 중국에서 나왔을 때부터 우리가 사실은 조심해야 될 것이, 그들은 한류 자체를 문화 침략행위로 본 거다. 중국에서는 시작부터 이미 경계의 용어로 사용한 것인데, 우리는 그것을 그저 긍정적으로 받아들인 것이라고 생각한 것이다. 상호주의적으로 개념화시키든지 아니면 차라리 도시 이름으로 가버리든지 해서 탈색을 시켰으면 됐을 텐데, 그냥 그대로 받아버린 거다. 더 이상 정부가 지원하지 않은 채 다른 용어를 쓰기 시작하고, 중국 관영통신사 같은 데서도 다른 용어로 사용하면 바뀔 수 있다고 생각한다. 아시아란 말도 우리가 아시아를 외치면 영토주의적인 냄새가 난다.

고정민 _ 우리 입장에서는 할 수 없이 그렇게 하는 거다. 따돌림을 당하니까. 뭔가 큰 데 편승해야 우리도 먹고살 길이 있는 것이다. 그것은 우리 의지다. 예전에 광주 아시아문화전당을 세운 것을 보고는 중국 측에서 너희들이 무슨 아시아의 센터냐고 물었다. 자기들이 센터라는 얘기다. 우리 입장에서는 어떻게 할 수가 없다. 그렇다고 중국에 편입해서 모든 것을 중국류로 하자고 얘기할 수는 없는 거니까. 그러니까 우리가 주장을 하는 것이다. 아시아라는 것에 한번 묶어보자고 제안을 하는 것이다.

반대로, 도시든 아시아든 지역 색을 버리고 아예 콘텐츠 자체를 브랜드화하자는 의견도 제시되었다. 예를 들어 '텔레노벨라Telenovela' 같은 경우, 콘텐츠가 시작된 특정 국가를 이름에 드러내기보단, 콘텐츠 자체의 브랜드화를 통해 새로운 조합의 단어를 제시했다. 이처럼 국가 브랜드였던 한류에서 벗어나 한국 드라마나 대중음악 등의 콘텐츠를 묶을 수 있는 스타일을 나타내는 명칭 조합이 절실하다.

이에 한류라는 용어도 가급적이면 사용하지 말고 아니메일본 애니메이션나 레게음악처럼 장르별로 구분하자는 대안도 제시되었다. K-POP, K-드라마처럼 인위적인 장르 구분이 아닌, 한류 고유의 스타일이 들어간 용어를 개발하여 정의 내리는 작업이 필요하다는 것이다.

심상민 _ '텔레노벨라Telenovela'는 브라질과 멕시코가 양대 축인데, 이것이 하나의 콘텐츠 브랜드화가 돼서 한류 훨씬 이전부터 있어 왔다. 이 단어는 '텔레비전 소설'이라는 뜻을 지니고 있다. 이와 같이 한국의 드라마를 묶을 수 있는 스타일의 명칭도 필요하다. 텔레노벨라 같은 명칭처럼 콘텐츠를 브랜드화하는 것이 필요하다. K-POP도 사실 마음에 들지 않는다. 브리티시팝은 자기 스타일이 있는데, K-POP에는 별로 없는 것 같다.

배기형 _ 사실 한류, 즉 '코리안 웨이브'가 국가주의를 떠올리게 하는 부정적인 면이 좀 있다. 특히 그것이 문제가 되는 지역이 일본과 중국이다. 어찌보면 우리나라와 국민적 감정이 좋지 않은 두 국가에서 한류가 출발한 것이다. 남미나 동남아 시장에서는 여전히 '코리안'이란 말 자체에 프리미엄 가치가 있다. 이런 브랜드를 쓰는 이유가 해외에서 그만큼 브랜드 가치가 있기 때문에 쓰는 것인데, 브랜드명을 바꾸기보다는 지금의 브랜드에 좀 더 다른 가치를 부여해 보면 어떨까 하는 생각이 든다. 예를 들어 우리도 중류, 일류라고 하면 거부감이 있다. 아마도 국가주의적인 생각 때문에 그럴 텐데, 하지만 영국류나 프랑스류에는 거부감이 없을 수 있다. 그 이유는 영국이 대중문화뿐만 아니라 돈으로 환산되지 않는 정신적 가치를 고양하는 고급예술을 향유하고 있기 때문이다. 우리도 이런 것을 한류에 포함시킨다면 한류에 대한 거부감이 훨씬 완화될 수 있을 것이다.

곽영진 _ 불과 20~30년 전만 해도 다수의 국내 유명 기업들은 해외 진출 시 코리아를 내세우지 않았다. '메이드인 코리아'를 내세우면 오히려 불이익을 볼 수 있다는 '코리아 디스카운트' 현상이 팽배했다. 하지만 지금은 한류가 오히려 '코리아 프리미엄'을 주니 전략적으로 같이 가게 된 것이다.

고정민 _ 한류라는 단어를 너무 내세우지 않았으면 한다. 한류라는 것은 사실 처음 등장한 단어이기 때문에 외국인이 관심을 가지고 한류라는 단어를 글자 그대로 따라 썼을 것이다. 그렇기에, 향후 한류 장르별로 각각 이름을 붙여 해외에 나가는 것이 보다 바람직할 것이라 생각한다.

예를 들어, 음악 같은 경우 한국의 음악이 K-POP이 아닌 레게와 같은 장르로서 이름이 붙여지고 해외로 나간다면, 이건은 한류이지만 한국색은 전혀 띠지 않는다고 볼 수 있다. 그냥 그 음악이 좋기 때문에 듣게 되는 방향으로 보다 쉽게 흘러갈 수 있는 것이다. 외국 사람들도 한류라는 말에서 민족주의적인 느낌을 강하게 받지만, 만약 음악, 드라마 같은 각 분야 장르마다 이름이 따로 있으면 각자의 국적에 상관없이 좋아하게 될 것이다.

일본의 경우, 애니메이션은 '재패니메이션Japanimation'이나 '아니메anime'라는 이름으로, 만화는 '망가'라는 이름으로 전 세계에 퍼져 있다. 옛날에는 '자포니즘Japonism'이라고 해서 일본 문화를 한꺼번에 묶어서 얘기했지만, 지금의 자포니즘은 예전처럼 부각이 안 되고 대신 각각의 장르별로 보여지고 있다. 이처럼 한류도 장르별로 각각에 이름을 새로 붙여서 세계로 퍼트리는 것이 보다 나을 것이다.

심상민 _ 우리나라 K-드라마, K-POP도 약간 인위적이다. 이에 한류 콘텐츠 소비 자체를 스타일화하는 방향으로 부각시키는 것이 향후 중요 과제라 생각한다. 물론, 정부의 역할은 오히려 최소화해서 빠지는 게 좋다. 그리고 한류 산업과 관련한 연구자나 업체 분들 스스로가 한류에 대한 논의 방향을 조금 바꾸는 게 필요하다. 언론의 논점도 마찬가지다.

서병기 _ 국가가 아니라 스타일이 중요하다는 말에 백 퍼센트 공감한다. 이에 각 분야의 전문가들이 모여 구체적으로 협의해야 할 것이다.

세계의 안방극장을 점령한 남미의 '텔레노벨라'

콜롬비아에서 제작된 텔레노벨라 <못난이 베티Betty la fea>

○ 텔레노벨라는 중남미에서 제작된 일일극 형식의 드라마로, '텔레비전'과 '이야기'가 합쳐진 용어로 TV 소설이라고 할 수 있음

- 라틴아메리카에서 텔레노벨라의 기원은 미국에서 제작되던 라디오 드라마로 거슬러 올라감. 즉 텔레비전이 보급되기 이전에는 라디오를 위한 라디오노벨라의 형태로 존재하다가, 1950년대에 텔레비전이 급격히 확산되면서 텔레비전으로 옮겨와 영상이 더해진 '텔레노벨라'라는 장르가 탄생함

- 텔레노벨라는 전통적으로 앵글로아메리카의 소프 오페라soap opera와 비교되는데, 둘 다 텔레비전 전용으로 제작되어 장기간 방송되는 멜로 드라마적 서사 구조를 가짐. 그러나 소프 오페라가 열린 결말과 잠재적으로 무한하게 계속될 수 있는 특징을 갖고 있는 반면, 텔레노벨라의 서사 양식은 약 200여 개 정도의 소설과 같은 장capítulo으로 구성되어 있고 명확한 끝맺음을 통해 이야기의 종결을 시도함. 이 때문에 텔레비전+소설novela의 합성어인 텔레노벨라라는 장르의 이름이 생겨나게 됨

- 텔레노벨라는 극의 배경이 되는 시간과 장소에 대한 언급 없이, 작중 인물의 감정과 열정에 비중을 두며, 그들이 겪는 비극적인 고통을 묘사하는 가운

데 극적 갈등이 혈연관계에서 비롯된다는 점이 특징임. 그리고 일상적인 사실주의와 민족적 특수성을 담아냄으로써 계급, 민족, 성별 그리고 연령 등의 세세한 특징들을 다양한 등장인물의 모습 속에 투영시킴. 또한 그들끼리 서로 다른 다양한 관점을 가지고 대화하며 토론하는 등 텔레노벨라는 새로운 사회적 관계와 도덕적 갈등을 포함한 현대 중남미 사회의 변화들을 보다 사실적으로 반영함

○ 텔레노벨라는 현재 중남미뿐만 아니라 전 세계 약 20억 명의 시청자가 보는 대중문화로 자리매김 함. 이에 해외에서도 주목받는 테마와 서사 능력, 직접 투자를 통한 해외 채널 확보, 공동 제작 등으로 성장일로에 있음
 - 장기적인 측면에서 볼 때 이미 세계화된 텔레노벨라와 세계화를 꿈꾸는 한국 드라마의 지속 발전을 위해선 사전 기획단계에서부터, 소재 발굴, 대본, 캐스팅 등 일련의 제작을 공동으로 진행할 필요가 있음. 중남미는 물론 미국의 히스패닉 시청자 등 라틴문화권 시장 진출을 공동의 목표로 설정해야 할 것임
 - 중국의 CCTV와 멕시코의 텔레문도의 합작 사례처럼, 텔레노벨라의 국내 촬영 유치 등을 통해 한국과 중남미 모두를 겨냥한 타깃형 드라마 제작이 필요함
 - 번역은 시청자에게 작품의 내용뿐 아니라 드라마의 미세하고 세부적인 분위기까지 전달하는 결정적인 중요성을 가짐. 한국 드라마 번역 시 가급적 한국어에서 스페인어로 직접 번역하며, 번역 작업에 스페인어 전문번역가와 중남미 문화전문가, 현지인 감수자의 공동 참여 방식을 택하여 번역의 완성도를 높여야 할 것임

출처: 한국문화산업교류재단(2016), 「한류스토리 12월호」

2) 한류 창작 모델의 차원

실리콘밸리 모델

> "
> 실리콘밸리 모델은 인력이 중심입니다.
> 그러니까 전 세계의 사람들이 다 들어와
> 여러 인종의 인력들이 모여서 같이 작업할 수 있는
> 다국적 방식이 맞다고 봅니다.
> "
>
> - 강원대학교 영상문화학과 교수 유승호

한류의 강점은 콘텐츠에 있다. 한류의 시작부터 지금까지 여전히 한류의 중심은 콘텐츠이다. 따라서 지금의 한류 위기론을 극복하고 콘텐츠라는 강점을 살리기 위해서는 한류의 새로운 창작 모델이 형성되어야 한다. 전문가들은 각각 실리콘밸리 모델, 영국-미국 모델 그리고 스위스 모델 등 선진 국가에 적용되어 성공을 거둔 다양한 모델들을 제안하였다.

실리콘밸리 모델은 인력 중심 모델로, 한류의 탈국적화 흐름과 가장 밀접하게 관계된 것으로 보인다. 실리콘밸리는 물리적으로는 미국에 위치하고 있지만, 유능한 인재들을 중심으로 다국적 자본이 모여 지속적인 혁신성을 발휘하고 있는 대표적 성공 사례이다. 하지만 현재의 한류는 자국의 장르만으로 경쟁하는 인도의 발리우드 모델과 유사하다. 이에 향후 지속가능한 한류를 위해서는 유능한 인력들이 모여 거점을 형성하는, 실리콘밸리 모델로 가야 한다는 주장이 제기되었다.

유승호 _ 최근 모바일 게임회사 '4시 33분'이 텐센트에서 1,500억 투자를 받았다. '4시 33분' CEO를 만나서 '그러면 중국이 와서 다 지배하는 건가? 어떻게 되는 것이냐?' 하고 물었는데 '아무런 변화가 없습니다'라는 대답을 들었다. '돈을 1,500억씩이나 투자를 하면서 텐센트에서 아무 요구도 안 한다는 건가?'라고 다시 물었더니, 아무 변화 없이 열심히 일만 하고 있다고 대답하는 것이었다. 지금 이 회사 매출이 어마어마하게 늘어나고 있는데, 텐센트는 거기에 주주로 들어와서 자기 지분만큼의 돈만 챙겨가는 것이다. 그러니까 텐센트 입장에서는 '4시 33분'이라는 회사가 자기들 입장에서 주식 가치가 가장 높은 회사인 거다. 사실 우리 사회에서 성장 가능성이 높은 분야는 중국이 오히려 더 잘 찾는다. 그 작은 '4시 33분'이라는 회사를 텐센트가 어떻게 찾아냈을까? 5년 전만 하더라도 신생 회사였는데, 텐센트가 그 작은 회사의 가능성을 알아본 것이다. 그 회사에 속한 인력의 실력과 가능성을 본 것이다.

심상민 _ 텐센트가 창조경제센터 역할을 한 거다.

유승호 _ 우리가 못 하는 것을 텐센트가 한 것이다. 내가 봐도 '4시 33분' 창업 멤버들이 똑똑했다. 넥슨에서 나와서 회사를 만들었는데 국내에서 투자를 받기가 어려웠다. 그런데 중국 자본 투자를 받아 지금은 1등 기업이 된 것이다. 전 세계 시장에서 매출이 어마어마하게 뛰고 있고, 현재 동종 산업을 리드하고 있다. '4시 33분'의 사례를 보면서, 나는 그들이 하나의 모델 같다는 생각을 했다. 우리가 지금 한류를 생각할 때, 기존에 인도의 발리우드 모델과 할리우드 모델이 있지만 나는 실리콘밸리를 모델로 삼는 게 제일 적합하다고 본다.

왜냐하면 가장 지속가능한 것이 실리콘밸리 모델이기 때문이다. 실리콘밸리는 다국적으로 갔는데, 그 다국적 모델이 사실은 발리우드 모델을 기초로 한 것이다. 실리콘밸리의 모델은 인력 중심으로, 전 세계 사람들이 다 들어와서 그 안에서 노는 것이다. 다른 데서 놀지 말고 그 안에서만 놀면서 새로운 가치를 창조하는 것이다. 인도, 중국, 전 세계 사람이 다 모여서 하나의 세계를 구축하는 것이다.

일종의 거점이 되는 것이다. 인력들이 모여서 같이 작업할 수 있는 중요한 거점이 되는 것인데, 구성은 전적으로 다국적으로 이루어지는 것이 맞다. 나는 이것이 '4시 33분'이 닮아가야 할 모델이라고 본다. 이 회사의 사옥이 강남에 있는데, 예쁘게 잘 지어놓았다. 하얼빈공대 출신 젊은이들이 이 회사에서 일하는 것을 로망으로 생각한다고 한다. 실리콘밸리로 향하던 중국 젊은이들이 '4시 33분'으로 발길을 옮긴 것이다. 한류 또한 장기적으론 이런 식으로 바뀌나가야 하지 않나 생각한다.

영국과 미국 모델

> "
>
> 비틀스라든가 옛날에 유명한 가수들이
> 다 영국 출신들이고요,
> <오페라의 유령>이라든가 <캣츠>라든가
> 유명한 공연은 다 영국 작품입니다.
> 그런데 주로 미국 시장에서 팔립니다.
> 영국도 살고 미국도 사는 것이지요.
> 한국과 중국과의 관계가 어떻게 가야 되느냐,
> 우리가 영국의 역할을 하면 되는 겁니다.
>
> "
>
> – 홍익대학교 문화예술경영대학원 교수 고정민

영국-미국 모델에 따르면, 미국이라는 거대한 시장에서 향유되는 창의적인 콘텐츠의 대다수는 영국의 작품들이다. 비틀스 같은 유명 가수들과 <오페라의 유령>이나 <캣츠> 같은 작품들은 모두 영국에서 시작되었지만, 이들은 미국 시장을 장악하였다. 즉, 영국이 창의적인 작품을 만들면 미국이 이를 시장화해 준다. 이는 영국과 미국 모두 윈윈Win-Win하는 전략이라

할 수 있다. 한국과 중국의 관계도 이와 유사하다는 점에서, 창의성을 가지고 있는 한국이 영국의 역할을 맡는 것이 가능할 것이라는 견해도 나왔다.

고정민 _ 우리나라는 어차피 중국이 펼치는 규모의 경제에 영향을 받을 수밖에 없다. 그들은 강력한 규모의 경제를 반영해 많은 제작비를 투자해서 강력한 콘텐츠를 만들 수 있다. 우리나라의 경제 규모로는 경쟁하기조차 어려운 거다.

그렇다면 어떤 모델로 가야 되느냐? 나는 미국과 영국을 모델로 삼아야 된다고 생각한다. 미국의 시장이 일단 엄청 크다. 그런데 그들의 문화예술적 창조성은 주로 영국에서 나온 거다. 예를 들어 비틀스 같은 옛날에 유명한 가수들은 다 영국 출신이다. 〈오페라의 유령〉이라든가 〈캣츠〉 같은 유명한 공연도 거의 다 영국 거다. 그런데 이런 것들을 시장화하는 건 결국 미국이다. 영국도 살고 미국도 사는 것이다. 우리도 한국과 중국과의 관계에서 어떻게 가야 되느냐, 우리가 영국의 역할을 하면 되는 것이다.

심상민 _ 영·미 관계는 영국이 '마더랜드 motherland'이기 때문에 가능한 측면이 있지만, 우리와 중국의 관계는 그들과 좀 다른 것 같다.

고정민 _ 창의성 면에서는 아직까지 우리에게 '오리지널리티 originality'가 있다는 점에서, 이해관계에 따라 충분히 우리가 영국의 역할을 맡을 수 있을 것이라 생각한다.

스위스 모델

스위스 모델 관점하에서 보면, 한류의 초국적성이라는 것이 자칫 잘못하면 공격적인 제국주의와 연결될 수도 있다는 위험성을 갖는다. 이에 따라 한류는 스위스에서 연상할 수 있는 '중립적', '열린', '고급' 등의 개념을 고려한 스위스 모델을 지향해야 한다고 보았다.

심상민 _ 콘텐츠가 초국적성, 무국적성이면 본질적으로는 맞는 것 같다. 합작도 많고 다국적 연합도 많은데, 지금도 풀리지 않는 문제가 있다. 한국은 네이버와 다음이라는 토종 미디어가 다수의 사용자를 확보하고 있고, 중국에서는 아예 유튜브, 구글에 접속할 수조차 없다. 경제와 정치적인 논리, 사회적인 부분까지 미디어에 영향을 끼치고 있다. 상당히 예민한 부분이다. 미디어를 통해서 웹툰이나 콘텐츠를 소비하는 것은 변동이 없을 텐데, 이런 모순이 풀리지 않는 이상 교류에 한계가 있지 않을까 싶다. 한류라는 것도 나름대로 구획이 되는 것인데, 초국적성이라는 면에서 이런 부분이 앞으로 어떻게 될지 걱정스러운 게 사실이다.

장병희 _ 'TNMC' 즉, '초국적Transnational Media Corporation'이라고 하면 원래 부정적인 이미지였는데 여기에서는 상당히 긍정적인 의미로 쓰였다.

심상민 _ 문화 콘텐츠 식구들끼리는 이미 그것이 기정사실화되어 있다.

장병희 _ 'TNMC'를 잘못 이해하면 제국주의와 연결되지만, 지금 말하는 것은 그런 식의 제국주의가 아니다. 중립적인 스위스 모델이다. 그런 면에서 차이가 있다. 스위스 모델을 제시하는 이유는, 스위스 이미지가 공격적이지 않기 때문에 가능한 것이다. 'TNMC'가 문제가 되는 것은 공격적이기 때문이다. 제국주의이니까.

최근 사드 배치와 연계된 한한령 등을 보면 콘텐츠와 국가주의가 과도하게 연결될 경우 국가 간 분쟁에서 불이익을 받을 가능성이 높다는 것을 알 수 있다. 하지만 한류가 이미 견고한 브랜드 자산으로 형성된 현실임을 감안할 때, 당분간 한류 콘텐츠에서 국가 브랜드를 분리하는 것은 합리적이지 않다고 본다. 그래서 어떤 'K'에 대한 브랜드 이미지를 탈정치화 시키는 것이 가장 현실적인 대안인데, 이러한 전략의 일환으로 콘텐츠 창작과 인력 양성에서 한국을 아시아의 허브로 육성할 필요가 있다고 생각한다. 그리고 이 과정에서 적용할 원칙으로 사람들이 스위스에서 연상하는 '중립적', '열린', '고급' 등의 개념을 고려할 필요가 있다. 그래서 한류는 스위스 모델로 가야 한다고 생각한다.

창의적 IP 육성

이러한 창작 모델을 기반으로 삼아서, 앞으로 무엇을 해야 한류가 지속적으로 경쟁력을 갖출 수 있을까? 토론에 참여한 전문가들은 한류가 경쟁력을 지니기 위해서는 '창의적 IPIntellectual Property'를 육성해야 한다고 한목

소리로 말하고 있다.

막대한 자금력과 거대한 시장을 갖춘 중국은 지금도 매우 위협적이다. 각종 성장률은 한 해가 다르게 급격하게 오르고 있고, '샤오미'로 대표되는 중국 기술의 발달은 가히 놀라울 지경이다. 콘텐츠 역시 지금은 한류라는 흐름을 타고 중국으로 흘러가지만, 이후에 중국이라는 거대 시장에서 자체 생산하기 시작하면 우리에게 당장 위협이 될 수 있다. 그렇기 때문에 이러한 미래에 대비할 수 있는 경쟁력 있는 IP를 최우선적으로 개발해야 한다. 또한 필름 마켓에서 영화의 기획안이 팔리는 것처럼 엔터테인먼트 분야에서도 지식재산권 마켓이 형성되어야 한다고 피력하고 있다. IP야말로 한류가 앞으로 나갈 수 있는 미래의 한 방향점이라고 참가자들은 강조하였다.

임학순 _ 중국의 속내는 좀 복잡한 것 같다. 처음에는 우리의 완성된 콘텐츠를 가져갔다. 그러다가 사람을 빼가고, 공동제작을 했다. 지금은 자본을 투자해 아예 기업을 가져가 버린다. 이런 흐름은, 이들에게 문화 산업이란 하나의 국가 전략으로 매우 중요한 것이며, 궁극적으로 중국이 글로벌을 지향한 문화대국이 되겠다는 욕망을 말하고 있다고 본다.

초기에는 한국의 기술이라든지 아이디어, 작품을 사 갔다. 중국의 경제 성장에 따라 수요가 폭발하면서 다양한 문화를 접하고 싶었던 중국 소비자들의 욕구와 한류가 맞아떨어진 것이다. 그런데 지금 중국이라는 나라는 글로벌로 나가면서 문화강성 국가가 되어 한국뿐 아니라 다른 나라들과도 다양하게 접촉할 가능성이 커졌다. 물론 한 가지 희망이 뭐냐면, 한류를 수용해 왔던 소비자가 아직 중국에 상당수 존재한다는 사실이다. 중국 정부가 아무리 정책을 내고 대책을 내놓는다 하더라도 소비자들은 한국 문화를 찾을 것이다. 그런 면에서 볼 때는 희망적이다.

하지만 지금은 기술력도 격차가 좁아졌을 것이고, 자본 투자도 잘 안 되기 때문에 창의성, 지적재산 이런 쪽으로 강조할 수밖에 없다. 중국이 우리나라를 대하는 자세도 예전과 다르다. 처음에는 중국 기업체들도 와서 보고 배우려고 했고 경험을 쌓으려고 했는데 어느 날 갑자기 뚝 끊겼다. 이제 그들이 한국을 통해 뭔가 배우려고 하는 시기는 지난 것 같다.

윤현보 _ 우리나라는 'IP' 경쟁력이 있다. IP를 잘 개발해서, 이를 중국과 같이 공동으로 제작이나 기획하면서 사전 준비를 한다면 지금 상황이 힘들게만 느껴지지는 않을 수 있을 것이다. 업계의 많은 분들이 그런 부분에서 동감하고 있다. 하지만 중국만 바라보고 일을 한다는 것은 무모하다고 생각하기 때문에 다양한 루트의 비즈니스에 대한 전략을 세워야 하지 않을까 생각한다.

전형화 _ 엔터테인먼트 지식재산권 부분에 관한 얘기다. 필름 시장은 세계적으로 많다. 칸 필름마켓, 아메리칸 필름마켓, 홍콩 필름마켓 등 이렇게나 많은데 엔터테인먼트 지식재산권 마켓은 없다. 부산영화제에서 아시아 필름마켓이 지난해 처음 오픈했을 때도 그렇고 올해도 그렇고 국가에서 한 푼도 지원을 안 해줬다. 영화 투자 제작사들이 그 취지를 듣고 돈을 십시일반 내서 만들어줬다. 올해는 판매처를 중국뿐만 아니라 대만, 일본, 태국, 인도네시아 이렇게 넓히려고 했는데, 영화제가 흔들리면서 예산이 계속 삭감됐다. 그럼에도 불구하고 일본에서는 직접 자기들의 지식재산권을 마켓에서 팔고 싶다고 왔었고, 중국에서도 왔다. 단순히 웹툰, 소설, 이런 것뿐만 아니라 출간되기 전 소설 원고도 있었다. 예능 프로그램도 기획

안 단계에서 팔릴 수 있는 것들을 챙기고 있다. 필름마켓도 콘텐츠를 파는 것이다. 영화를 만들어서 파는 것이 아니라 출연 배우 아니면 기획안, 감독 이름만 가지고 파는 거다. 하지만 정부 차원의 지원도 전혀 없고 민간에서 기업들도 그렇게 눈여겨보지 않는 측면이 있다. 엔터테인먼트 지식재산권 이야말로 한류가 앞으로 나갈 수 있는 미래의 한 방향점이라고 본다.

임학순 _ 콘텐츠진흥원의 스토리텔링 사업이 그렇게 하고 있다. 완성된 이야기를 파는 것이 아니라, 이야기의 기본적인 콘셉트를 잡아서 그것을 마켓에서 파는, 스토리마켓을 형성하고 있는 것이다. 그런 측면들은 우리나라가 강점이 있는 것 같다.

심상민 _ 중국 전통 스타일과 한국, 일본의 그것은 서로 다르다. 하지만 한류에는 원래 문화적 횡단성 개념이 있다. 예컨대 단오제라든지 샤머니즘이라든지 같은 것은 한국, 중국, 일본을 근원적으로 넘어서는 개념이다. 시베리아까지 다 연결된다. 영화 〈곡성〉이 그랬지만, 이게 서양 사람들 입장에서 보면 자기들은 없는 거다. 『그리스 로마 신화』 같은 데도 이런 토속신앙, 샤머니즘 같은 건 없다.

일본 'NHK'가 예전에 특집 프로그램으로 〈실크로드〉라는 다큐멘터리를 방영한 적이 있다. 당시 이 프로그램에 담긴 촬영 지역은 자국의 CCTV에게도 개방을 안 할 때인데, 그걸 일본의 NHK가 뚫은 것이다. 인류를 위해서 좋은 기술을 가지고 기록해야 된다는 게 명분이었다. 우리도 이런 식으로 문화유산이라든지 생활문화라든지 하는 한류의 새로운 IP를 개발해야 한다.

IP는 무엇보다 관광 산업과 연결될 시 시너지 효과가 크게 발생한다. 이에 대한 예로, 일본에서 지방도시의 소멸을 막고자 정부에서 IP를 활용하여 캐릭터 산업 등을 적극 개발하고 이를 관광 산업 유치에 적극 활용한 사례를 제시할 수 있다. 마찬가지로 한류 콘텐츠들이 그동안 한국에서 해외로 내보내는 측면에 초점이 맞춰져 있었다면, 반대로 국내로 끌어와 관광 산업과 연계해서 국내에서 소비하는 측면을 적극 검토해야 한다는 의견도 나왔다. 아울러 국내에서도 각종 복합문화 공간 혹은 테마파크들이 다양하게 생겨나고 있는데, 이 또한 진부하지 않게 개발된다면 분명 한류의 발전 방향 중 하나로 설정될 수 있을 것이다. 아시아 각지에서 자리 잡은 유니버설 스튜디오나 해리포터 스튜디오, 디즈니랜드의 성공은 이미 그 선례가 되고 있다.

이성춘 _ 정부에서는 일본을 들여다봐야 할 필요가 있다. 일본 사회의 인구 사회학적인 변화 과정은 굉장히 재미있는 현상을 보여준다. 인구가 줄어들었을 때 사회적으로 일어나는 현상 중의 하나가 '극점사회'라는 것이다. 극점사회가 된다는 건, 삶을 즐길 수 인프라가 있는 지역으로 사람들이 모이는 것을 뜻한다. 그게 어디냐면, 도시다. 그럴 때 국가 전체적으로 어떤 현상들이 벌어지느냐면, 중소도시나 산간도시들이 서서히 없어지기 시작하는 거다.

그래서 일본이 극점사회를 막기 위해 편 정책이 관광 산업 유치다. 지방의 거점도시에 인구가 집중되는 것을 방지하는 정책인 것이다. 관광 산업을 유치하기 위해서 정부는 자기들이 가지고 있는 IP를 활용해서 캐릭터

산업 같은 부분들을 많이 개발했다. 우리도 사실은 일본보다 빠르게 사회가 노령화되고 있기 때문에 이런 극점사회가 오는 것을 고민해야 된다. 한류를 소비하는 쪽으로 뭔가 정책적인 고민을 해줘야 한다. 관광하러 와서 한류를 소비할 수 있는 형태도 추진할 필요성이 있다고 본다.

윤현보 _ 관광적인 측면에서의 활용은 매우 좋은 생각이다. 중국 또는 아시아 시장에서 요즘 테마파크 열풍이 부는 것 같다. 국내에서도 제주도에 복합공간 테마파크를 만든다는 얘기가 있다. 국내에도 좋은 IP와 좋은 콘텐츠들이 많아졌고, 이런 부분들을 전시 또는 테마파크 형태의 복합공간과 결합시켜 관광객들이 소비하게 만들어야 한다. 한류 관광객이라고 표현하면 너무 국한되는 것 같은데, 많은 관광객이 와서 즐길 수 있는 대한민국 콘텐츠와 IP가 복합된 테마파크가 생겼으면 좋겠다.

심상민 _ 진부하지 않은 방향으로 가야 할 것이다.

윤현보 _ 〈별에서 온 그대〉라는 작품을 하면서 SBS와 '별 그대 세트 전시장'이라는 사업을 해 봤다. 드라마 세트를 만들어놓고 관광객들을 끌어들이는 것이 사실은 어려움이 많았다. 그럼에도 불구하고 그 안에서도 3D영상, VR, MD 상품 판매 등 여러 가지 시도를 해보며 이런 것도 하나의 사업이 될 수 있겠다는 가능성을 보았다. 엔터테인먼트 회사 한 업체가 이런 일을 한다는 것은 쉽지 않은 것 같고, 정부와 민간이 같이 고민을 통해 좋은 랜드마크가 생기면 국내 관광, 해외 관광객 유치에 도움이 되지 않을까 하는 생각이 들었다.

드라마 <별에서 온 그대> 세트 전시장

채지영 _ 사실 연구원에서 테마파크에 대해 몇 번 연구를 했었다. <별에서 온 그대> 세트장을 담당했던 분도 만났다. 정부는 사이드에서 지원을 한다고 설정하고, 여기에 KBS, SBS, MBC와 독립제작사 모두를 다 집어넣어서 콘텐츠를 공급받을 수 있도록 했다. 콘텐츠를 지속적으로 공급받지 않으면 금방 식상해지기 때문이다. 정부가 나서서 해줄 수 있는 것은, 이 사람들을 모아서 하나를 만들어주는 일일 것이다.

심상민 _ 할리우드처럼 클러스터가 있고, 스튜디오 모델이 있고, 투어도 할 수 있게 하면 좋을 것이다.

> "
> 돈 없는 회사가 어떻게 버티겠습니까.
> 드라마나 음악도 마찬가지로
> 내수 시장만 가지고는 안 되거든요.
> 제작비는 계속 올라가다 보니, 시청률이 30%가 나와도
> 내수 시장만 바라봐서는 외주 제작사들은 거지가 됩니다.
> 국내 시장에서 챔피언이 됐는데도 돈을 못 번다는 건
> 말이 안 되잖아요.
> "
>
> - 《헤럴드경제》 기자 서병기

결국 관건은 '콘텐츠'디. 아무리 중국이 한한령, 금한령을 내린다 하더라도 인터넷을 통해 퍼지고 있는 한류를 멈출 수는 없다. 손바닥으로 태양을 가리는 수준밖에 되지 않는 것이다. 그렇기 때문에 한류는 지속적으로 콘텐츠로서 경쟁을 해야 한다. 중국에서 만들 수 없는 창의적인 콘텐츠만이 한류의 경쟁력이고, 생명력이다.

그러나 중국 시장이 풀리지 않는다면 작은 회사들은 견디기 어렵다. 기업들이 아무리 좋은 콘텐츠를 만들어내도 치솟는 제작비로 인해 내수 시장만으로는 수익을 얻기 어렵다. 그러니 이 보릿고개 같은 시기를 견뎌내기 위한 대안 제시가 당장 긴요하다.

안석준 _ 전 세계 음악 시장의 1위는 미국이다. 4조 규모다. 중국이 2위인데, 비슷한 4조 시장이다. 일본은 가수들이 자기 나라에서만 앨범 팔고 공연해도 다 먹고살 수 있다. 일본 자체도 큰 시장이니까. 일본에서는 애니메이션도, 게임도 내수 시장만으로도 다 먹고산다. 한국 사람들이 그들의 작품을 불법으로 즐겨도 크게 상관없다. 그런데 우리나라는 음악 시장 중 음반 시장이 700억, 음원 시장이 2,500억 규모다. 한국 시장만 가지고서는 살 수가 없는 거다.

〈도깨비〉와 〈푸른 바다의 전설〉을 CJ의 자회사인 스튜디오 드래곤에서 만들었다. 아마 이번에 중국에 팔지 못하면서 몇백 억 손해를 봤을 거다. 때문에 '내년에 이 회사가 상장 못 하겠구나, CJ 안 됐네' 하는 생각이 들었다.

'FNC 애드컬쳐'도 내년에 중국과 함께 SBS에서 방영할 드라마 하나를 만들기로 했는데, 중국에서 합작하자는 말 자체가 없어져 버렸다. 회사의 존립 자체가 걱정될 정도로 힘들어질 수도 있는 거다.

서병기 _ 절대 우리가 중국 시장에서 죽지는 않을 것 같은 생각이 든다. 예를 들어, 〈도깨비〉라는 드라마가 있다. 공유가 연기하는 캐릭터는 중국이 죽었다 깨어나도 못 만든다. 〈태양의 후예〉도 마찬가지고. 그중 〈태양의 후예〉는 콘텐츠진흥원에서 진행하는 스토리텔링 공모전 출품작이다. 〈국경 없는 의사회〉 김원석 작가의 작품이다. 이처럼 콘텐츠진흥원이나 문체부나 교류재단, 이런 곳의 역할이 중요하다. 특히 콘텐츠와 스토리텔링의 기초 체력을 길러주는 작업을 더 열심히 해야 된다고 생각한다. 이런 작업을 통해 중국에서 한한령을 들고 나와도 견딜 수 있게 만들어야 하는 거다.

지금 〈도깨비〉와 〈푸른 바다의 전설〉 같은 드라마들은 한한령 이후에 나온 것이기 때문에 중국과의 수출계약이 불발됐다. 그런데 중국 동영상 사이트에서 불법 유통돼 이미 많은 이들이 드라마를 접했다. 지금 중국 웨이보 같은 데서 난리가 났다. 벌써 드라마 평에 대한 글이 굉장히 많이 올라온다. 막는다고 될 일은 아닌 것 같다. 유명 중국 배우가 〈도깨비〉에 빠졌다고 대놓고 고백할 정도다.

이렇게 상황이 악화될수록 콘텐츠를 만드는 진짜 작은 회사들이 버텨내기가 어렵다는 것에 공감한다. 돈 없는 회사가 어떻게 버티겠는가. 특히 드라마가 그렇고 음악도 마찬가지다. 내수 시장만 가지고는 안 된다. 제작비가 계속 올라가다 보니 시청률 30%가 나와도, 심하게 말하면 외주 제작사들은 다 거지가 된다. '시청률이 그렇게 많이 나왔는데 왜 돈을 못 벌어?'라고 물을 것이다. 물건을 많이 팔았는데 원리상 말이 안 되는 거다. 이런 부분에 대한 조절은 있어야 된다고 생각하지만, 사실 한한령에 대해서 겁을 낼 필요가 없다고 생각한다. 어떻게 보면 그렇게 걱정할 일이 아닐 수도 있다. 이런 자세로 가야 된다고 생각한다.

김정수 _ 70~80년대 일본 애니메이션이나 일본 영화, 일본 J-POP 같은 것을 보면, 당시 한·일 양국 간 관계가 굉장히 껄끄러웠음에도 불구하고 일본 게임이나 만화나 이런 것은 별도라는 인식이 강했다. 당시 학생들이 미칠 정도로 좋아했다. 결국 콘텐츠의 문제이지 지금의 위기가 꼭 한한령 때문만은 아닌 것 같다는 생각이 든다.

4차 산업혁명
변화된 미디어 환경에 적합한 미래 한류 콘텐츠 육성

창의적인 IP 육성과 더불어 4차 산업혁명이라는 새로운 미디어 환경에 적합한 한류 콘텐츠를 개발하는 것도 필요하다. 디지털 기술과 스마트폰의 발달은 콘텐츠의 소비 형태와 유통 방식을 바꾸었다. 소비자들은 어디서든 인터넷에 접속할 수 있으며, 큰 거래 비용 없이 자신이 좋아하는 콘텐츠를 쉽게 찾아 즐기고 있다. 나아가 직접 콘텐츠를 개발하기도 한다. 대형 플랫폼 중심의 콘텐츠 유통구조에서, 콘텐츠 생산자와 팬들이 스스로 네트워크를 만들고 제공하는 구조로 점차 변경되고 있다. 'MCN Multi Channel Network, 다중 채널 네트워크' 비즈니스와 같은 새로운 모델도 이러한 미디어 환경에서 탄생한 것이다. MCN 기획사들은 일반 연예기획사들처럼 인터넷 및 SNS 스타들의 콘텐츠를 유통하고, 저작권을 관리해 주고, 광고를 유치하는 일 등을 대신해 준다. 이렇듯 미디어의 환경이 점차 변화하고 있기에 한류 콘텐츠도 이에 맞는 변화가 필요하다는 결론이다.

이성춘 _ 한국의 방송 시장을 보면, 다른 시장보다 빠르게 크고 있다. 그 이유는 사람들이 미디어를 접하는 시간이 굉장히 많아졌기 때문이다. 옛날에는 집에서만 텔레비전을 봤는데 스마트폰이 생기면서 시간과 장소에 제약 없이 언제든 방송을 볼 수 있게 되었다. 수상기도 텔레비전에서 컴퓨터, 그다음에 개인 단말기 쪽으로 바뀌고 있다. 4차 산업혁명이 시작되면서 출퇴근 시간에 차 안에서도 엔터테인먼트를 즐길 수 있기 때문에, 앞으로 기본적인 환경 자체는 콘텐츠에 대한 소비가 엄청나게 늘어날 수밖에 없는 구조로 갈 것이다. 그것을 중국 시장 쪽으로 확대시켜 보면, 한류나 한류 콘텐츠에 대한 니즈needs는 기본적으로 확대되는 방향으로 갈 것이다. 이는 피할 수 없는 방향일 것이다.

그렇다면 국내에서 만들어진 한류 콘텐츠를 어떤 방식으로 중국에 보낼 것인가. 요즘은 모바일 환경도 중국이 우리보다 더 앞서가는 부분이 있기 때문에 중국에서도 모바일을 통한 콘텐츠 소비가 많다고 한다. 잡히지 않는 통계이긴 하지만 MCN 산업이 국내에서는 굉장히 빠르게 크고 있다. 이 MCN 산업이 재미있는 점이, 기존의 한류는 상거래 부분이나 연관 산업 부분들이 콘텐츠와 분리돼 있었는데, 모바일 시장에서는 이것이 뭉뚱그려져서 함께 간다는 거다. 우리가 콘텐츠를 내보낼 때 콘텐츠 내에 PPL 형태든 네이티브native 광고 형태든 물건을 파는 것 자체를 콘텐츠의 형태로 가는 것도 고려해 볼 필요가 있다.

윤현보 _ MCN 크리에이터들이 국내뿐만 아니라 해외에서도 좋은 반응을 얻고 있고, 이미 큰 수익을 얻는 친구들도 많은 것으로 알고 있다. MCN 비즈니스가 또 하나 한류의 원동력이 될 것이라고 저희도 믿고 있다. 1인 방송이지만 그 안에서도 창작이 이루어지고 여러 가지 엔터테인먼트가 이루어진다. 그런 부분을 정부에서 적극적으로 지원해 주면 아마 한류에 굉장히 큰 원동력이 될 것이다.

심상민 _ 블루오션이라고 해야 할까? 점점 새로운 아이템 쪽으로 향

다양한 국내 MCN 사업자

하는 것 같다. 웹 콘텐츠, 웹툰, MCN, 관광, 로컬 콘텐츠 등등 중국 당국도 손대기 힘들 정도로 콘텐츠에 대한 한국의 역량이 드높아진다면, 그것이 대안이 될 수도 있지 않을까 싶다.

배기형 _ 박보검이나 송중기 같은 새로운 한류 스타들이 계속 나오는 것처럼, 기획사들의 노하우는 계속 쌓여가고 있기에 아마 이런 것들이 중단될 것이라는 생각은 들지 않는다. 지금 패러다임 자체가, 유통 자체가 변화하는 것을 우리가 눈여겨봐야 된다고 생각한다. 세종학당에 한글을 배우러 오는 게 아니고 한국 드라마를 보러 온다고 하는데, 사실 세종학당에서 한국 드라마를 보는 이는 극소수일 거다. 결국 대다수는 한국 드라마를 유튜브에서, 모바일기기를 통해서 볼 것이다. 예전에는 'KBS월드' 채널에서 봤지만 지금은 다 모바일로 본다. 그래서 오히려 지금 유통의 과정이라든가 플랫폼이 바뀌는 시기에 한류 산업의 인프라에 대한 지원을 해야 되지 않을까 하는 생각이 든다.

4차 산업혁명의 중심인 'AI인공지능 플랫폼'에 대한 중요성도 강조되었다. 즉 콘텐츠에 대한 AI의 영향력이 소비뿐만 아니라 제작에도 상당히 미칠 것이라 보는 것이다. AI가 개인에게 맞춤형 콘텐츠를 제공해 줄 수도 있지만, 나아가서는 스스로 새로운 콘텐츠도 제작이 가능하다는 것이다. 콘텐츠는 이렇게 플랫폼의 변화를 격정적으로 맞고 있다.

지금까지 한국의 산업들은 기술 변화 과정에 재빨리 편승해 발전하여 왔다. 그렇다면 한류도 순발력을 발휘하여 이 기술의 변화를 타고 새로운 영역을 개척해야 하지 않을까 싶다.

고정민 _ 이수만 회장은 우리와 다른 개념의 'CT Culture Technology, 문화 기술'를 가지고 있다. 그는 일반 사람들과는 다른 독특한 방식으로 CT를 해석하는 것 같다. 그런 그의 요즘 관심사는 AI Artificial Intelligence, 인공지능라고 한다. AI 파급력이 앞으로 콘텐츠에 엄청난 영향을 줄 것이라고 보고 있다. 최근 SKT에서 '누구 NUGU'라는 AI 플랫폼을 출시했다. 구글도, 삼성전자도 이 분야에 큰 관심을 보이고 있다. 이런 플랫폼은 조만간 일상화되고 보편화될 거다. 그러면 콘텐츠의 유통채널도 완전히 바뀌게 될 것이다. 모든 것이 맞춤형으로 바뀌는 거다. 방송 분야도 개인 맞춤형 방송이 나오게 될 것이다.

미국의 한 인공지능 소프트웨어 학자는 자신이 개발한 소프트웨어에 바흐의 작곡 스타일을 학습시켜서 바흐의 스타일을 가진 또 다른 곡을 만들었다. 기계가 작곡을 한 것이다. 전문가들도 이것이 바흐 곡인지 아닌지 모른다고 할 정도다. 바흐와 모차르트를 합친 것처럼, 창의적인 것을 새로이 만들고 있는 것이다. 이런 개발이 일상화되면 당장 저작권 문제가 불거질 것이고, 콘텐츠 산업에도 변화가 생길 것이다.

이럴 때 한류는 어떻게 가야 되는가. 플랫폼이 바뀔 때마다 우리는 항상 기술이 변화하는 과정에서 재빨리 뛰어들어 기술을 익혀 살아남았다. 지금까지 그래 왔다. 지금까지는 순발력의 힘이었다. 하지만 우리는 지금 또 다른 도약을 해야 한다. 우선 업체들이 빠르게 잘 적응해 주어야 하고 한류도 변화에 맞춰 새로운 영역을 개척한다면, 또 다른 새로운 방향으로 나아갈 수 있다고 생각한다.

4차 산업혁명 시대, 한류 산업계 미래 먹거리는?

OK Google, ask CNN for the latest stories

OK Google, ask CNN for the latest on President Trump

음성인식 기반 서비스 '구글홈'

○ 고객이 콘텐츠를 호출하는 시대, IoT와 AI
  - 'IoT'는 인터넷으로 상징되는 연결이 초연결로 진화되었음을 의미. 단순히 컴퓨터와 컴퓨터를 연결하는 수준에서 벗어나 사람과 사람과 연결하고 사람과 사물을 연결하고, 기호taste와 기호preference를 연결함. 세상을 이해하기 위해서는 오감에 해당하는 센싱sensing이 필수적인데, 이 센싱이 바로 IoT
  - 연결이 늘어나면 늘어날수록 이전에는 손에 잡히지 않던 실체가 드러나기 시작함. 연결로 인해 정보량이 늘어나면 늘어날수록 고객이 누구인지를 조

금 더 알 수 있는 조건이 마련되게 됨. 그러나 해석되고 분석되지 않은 정보는 공간만 차지해 무의미함. 이에 쌓이는 데이터의 속도보다 더 빠른 해석과 분석이 요구된다는 점에서, IoT와 AI가 필요함. 즉 IoT가 감각이라면 감각을 해석해서 의미를 찾아내는 '외kf 뇌'가 인공지능임

- 대표적인 예로 '마이뮤직테이스트mymusictaste.com'를 들 수 있음. 이로 인해 특정 지역, 특정 고객이 특정 콘텐츠를 얼마나 원하는지를 계량해 냄으로써 공연을 열 수 있는 가능성이 크게 확대됨. 즉 전 세계 음악 팬으로부터 아티스트 공연 요청을 모아, 크라우드소싱crowd sourcing 방식으로 해외 공연을 기획·진행하면서 고객은 자신이 보고 싶은 공연을 호출할 수 있는 권리를 얻고, 기획사는 공연 실패 위험을 낮출 수 있게 됨실제 마이뮤직테이스트는 총 32개 도시에서 80회가 넘는 콘텐츠 개최

- 방송 분야에서는 미국의 대표 뉴스채널인 CNN도 구글의 음성인식 기반 서비스인 구글홈Google Home에 적용됨. CNN이 자랑하는 앤더슨 쿠퍼Anderson Cooper, 울프 블리쳐Wolf Blitzer, 존 킹John King의 목소리로 뉴스를 전달 받을 수 있음. 작동 방식도 아주 단순한데, "오케이 구글, CNN 들려줘OK Google, ask CNN for the latest stories"라고 하거나, "오케이 구글, 트럼프 대통령에 관한 CNN 기사 들려줘OK Google, ask CNN for the latest on President Trump" 정도임

- 여기서 중요한 것은 '호명'인데, 검색해서 나오는 것이 아니라 불러야 나온다는 개념은, 곧 검색은 실체를 모르고도 할 수 있지만, 부르는 것은 브랜드를 인지하고 있어야 가능하다는 것을 뜻하기도 함. 그래서 다시 브랜드가 중요해지고, 브랜드의 힘을 가진 콘텐츠가 힘을 가질 수 있을 것으로 예상

○ 인공지능과 IoT로 대표되는 4차 산업혁명이 새로운 유통혁명과 생산혁명을 가져오게 될 것, 한류 또한 콘텐츠의 품질을 유지할 수 있다면, 그리고 시장 확대에 맞추어 투입비용을 상승시킬 수 있다면 한국 콘텐츠는 지금과는 달리 더 많은 성과를 얻을 수 있을 것

- 반면에 접근할 수 있는 기회가 늘고, 접근하는 고객의 수는 늘었지만, 그에 따른 투자를 게을리 한다면 경쟁우위를 잃어버린 수많은 상품처럼 시장에서 소멸할 수도 있음. 결국 콘텐츠가 힘이 있다면 새로운 IoT와 인공지능이 가져온 새로운 유통혁명의 시대에서 더 굳건한 자리를 차지할 수 있을 것으로 예상

출처: 한국문화산업교류재단(2017), 『한류스토리 3월호』

3) 사회 흐름의 차원

결국은 쌍방향 교류다

문화 교류에서 '교류'란, 사귈 '교交'에 흐를 '류流' 자를 사용하며, 사전적 의미로는 문화나 사상 따위가 서로 통하는 것을 의미한다. 영어로는 'exchange'이다. 즉, 문화 산업은 교류이기 때문에 주는 것이 있다면 받는 것도 있어야 하는데, 그동안의 한류는 일방적으로 주는 것에만 급급하지 않았나 하는 반성이 든다.

단적인 예로, 과거 중국에서는 주요 방송사의 황금시간대에 한국 드라마를 방영해 주었으나, 한국 방송사는 중국 드라마가 수익성이 나지 않는다는 이유로 방영하지 않았다. 그렇기 때문에 한류가 지속적으로 발전하기 위해서는 교류의 본래 의미를 되찾는 사회 흐름 차원의 변화가 필요하지 않느냐는 목소리가 나오고 있다.

정명훈 _ '한류 산업의 위기'라고 하는데, 여기의 '류' 자를 '국' 자로 바꾸면 '한국 산업의 위기'가 된다. 앞으로 미국 트럼프 정부가 자국민의 고용을 늘리기 위해서 보호무역 드라이브를 강하게 걸 텐데, 이 때문에 가장 큰 피해를 보는 게 아마 중국일 것이다. 따라서 중국은 자국 내에 똑같이 보호무역 드라이브를 걸 수밖에 없을 것이다. 여기에 단지 한류라는 것이 시그널로 작용했을 뿐이라고 생각한다.

그러니까 한국 산업 전체가 사실은 백척간두百尺竿頭의 위기 상황이다. 지금 엔터테인먼트 회사와 화장품 회사의 주가가 30~40%씩 떨어지는 것이 어떻게 보면 '울고 싶은데 뺨 때려준 격'이라고 할 수 있다. 문제는 이것이 산업 전체에 치명타를 입힐 수 있는 상황으로 가고 있다는 데에 있다. 이는 비단 한류의 문제가 아니라 한국 산업 전체의 시그널로 작용할 것이다.

지금 중국 사람들은 화가 나 있다. 정부가 나서야 한다. 중국 드라마가 재미없어도 KBS에서 틀어줘야 한다. 달래야 한다. 미안하다고 말을 해야 한다. 그래야 이 사람들 감정이 조금 누그러질 것이다. 단기적인 처방에 관한 열쇠는 결국 정부가 가지고 있다.

심상민 _ 무언가 한 방이 필요하다. 중국과의 교류에 있어 우리가 먼저 수준을 끌어올리는 노력을 해야 한다. 공영방송인 KBS의 역할이 중요하다. 과거에 일본 NHK가 골든타임에 한국 드라마를 틀어주었는데, 한국 방송은 일본 대중문화를 막고 일본 콘텐츠를 하나도 틀어주지 않았나.

사실 일리가 있는 이야기이다. 이번에도 여러 경로를 통해 KBS에 의견이 들어갔음에도 불구하고 반응이 없다. 〈슈퍼 차이나〉 같은 한중공동제작 프로그램을 만들긴 했지만 중국 입장에서 보면 간에 기별도 안 가는 거다.

윤현보 _ 전략적으로 다양한 방법을 통해서 중국과 비즈니스를 해봐야 되지 않을까 생각한다. 문화 산업을 교류라고 본다면, 주는 것이 있으면 받는 것이 있어야 한다는 것이다. 그렇게 쌍방향으로 가야 되는데 우리는 여태까지 너무 일방적으로 주는 입장에만 있지 않았나 하는 반성을 하게 된다. 방송뿐만 아니라 여러 콘텐츠의 상호 교류가 절실하게 필요하다.

한편 쌍방향 교류에 대한 다른 의견도 보였다. 본래 문화란 높은 데서 낮은 데로 흘러가는 방향성을 가진 흐름인데, 이를 저항하는 인위적인 교류가 필요한지에 대해 의구심을 제기하였다. 이에 쌍방향 교류보다는 콘텐츠의 경쟁력 강화가 우선시되어야 한다고 주장하였다. 오히려 중국에 의해 우리 콘텐츠가 휘둘리게 되는 것을 경계해야 한다는 지적이었다. 이에 관해 콘텐츠 경쟁력이 중요하다는 원칙에는 동의하지만, 그래도 중국이라는 거대한 물결을 거스를 수는 없으므로 적어도 공적인 기관에서라도 쌍방향 교류를 적극 지원해 주어야 한다는 의견도 제기되었다.

이성춘 _ 문화 산업에서 인위적인 교류가 가능할까 하는 의구심이 든다. 교류는 IP와 연관돼 있다고 생각하는데, 예컨대 미국과 우리나라의 영화 산업을 비교해 보면, 미국 영화를 일방적으로 우리가 수입하고 있을 뿐, 그만큼 우리나라 영화가 미국에 수출되지는 못 하고 있다.

문화는 높은 데서 낮은 데로 흘러가는 것이라고 생각한다. 산업 전반을 봤을 때, 역사적으로 봤을 때 오히려 이번 사태가 우리에게 생각해 볼 수 있는 기회를 주었다고 생각한다. 대만과 홍콩은 한때 굉장히 영화 산업이 번성했던 국가였다. 그러나 한편으론 굉장히 빠른 시간 안에 중국에 동화되었기 때문에 그들 산업이 가지고 있는 특성이 소멸됐다. 더 이상 중국으로 흘러갈 새로운 스토리가 없어진 탓에 그쪽의 산업적인 기반 자체가 없어진 것이라고 생각한다.

글로벌 문화 산업을 '가치사슬Value Chain' 하에 놓고 본다면, 결국 기반 시설은 중국이 가져가겠지만 그 위에 올라탄 우리 콘텐츠는 뭔가 차별화된 것이 있어야 살아남을 수 있다. 중국이 가질 수 없는 형태의 것을 우리가 가져야 한류의 미래가 있다고 본다.

중국향이 두드러지는 게 바람직한 것만은 아닌 것 같다. 뭔가 우리의 독자적이고 한국적인 특성이나 가치가 들어 있는 콘텐츠를 끊임없이 생산해야 한다. 그 부분이 중국이 가질 수 없는 미지의 세계이니까.

지금 우리가 위기를 느끼는 이유를 이탈리아 영화 산업에서 사례를 찾아볼 수 있다. 미국의 영화 산업은 한때 이탈리아와 합작을 굉장히 많이 했다. 당시 이탈리아 배우의 몸값도 올라가고 기본적인 투자의 규모도 커지게 되었다. 그러다가 미국 자본이 쑥 빠져나가면서 산업이 한꺼번에 풀썩 주저앉는 형태가 벌어지고 말았다. 국내 드라마 및 영화의 제작비를 전체적으로 놓고 보면, 중국의 자본이 한국에 들어오고 난 다음 규모가 굉장히 커졌다. 때문에 지금과 같은 상황에서 중국이 투자를 줄인다거나 협력 관계를 약화시킨다거나 했을 때 우리 산업 전체가 휘청거리게 되는 것이다. 그런 부분도 같이 봐야 되는 것이 아닌가 하는 생각이 든다.

채지영 _ '우리나라 문화 산업이 앞으로 중국과 어떻게 가야 될 것인가' 하는 고민이 많다. 문화 산업의 흐름은 문화와 경제가 발전한 나라에서 발전하지 않은 나라로 흘러가는 것이 정상이다. 그런데 거꾸로 나타났던 현상 중 하나가 한류가 일본으로 갔었던 것이다. 특이한 현상이었다. 중국으로 흘러가는 것은 어쩌면 당연한 것이라고 봤다. 한류 초기만 해도 중국의 경제적인 상황이 우리보다 좋지는 않았던 때였다. 중국 사람들은 한국 콘텐츠에 대해 동경심과 판타지를 느낄 수 있었다. 그런데 점점 기술이 발달해 가면서 애매모호한 상황이 되어버렸다. 지금은 그들 기술도 우리 못지않게 발달했다. 물론 정치적인 상황 외 중국 한류 소비자들의 불만만 없다면 어느 정도 지금 같은 상황이 유지될 수 있을 것 같다는 생각이 든다.

윤현보 _ 한국의 K-POP 가수들이 해외에서 많은 활동을 하듯이, 이제는 한국 드라마가 미국에서 리메이크가 되고 미국 드라마도 한국에서 리메이크가 되고 있다. 이런 시장의 변화가 단순히 중국만 바라보고 비즈니스를 하는 것에서 벗어나서, 조금 더 큰 시장과 교류하고 비즈니스 할 수 있는 기회가 생긴 것을 말해 주는 것 같다.

고정민 _ 한류도 경쟁력의 차이가 존재한다. 교역이라는 것은 경쟁력이 높은 데서 낮은 곳으로 흘러가게 돼 있는 거다. 경제적인 교역도 그렇게 일어나는 거다. 사실 우리도 모르는 사이에 한국 드라마의 경쟁력이 높아진 것이다. K-POP의 경쟁력이 높아진 거다. 시장경제 논리에 의해서 만들어진 것이면서 경쟁력까지 높아진 거다. 이와 반대로 중국 드라마는 재미가 없다. 그러니까 안 보는 거다. 중국 채널이 지금 얼마나 많이 들어와 있나. 한국 드라마 한 편 사는 가격이면 중국 드라마 열 편은 살 수 있다. 10분의 1 가격도 안 되는 거다.

경쟁력 얘기를 했지만, 10년 내지 15년이면 한류는 중류라는 거대한 물결에 휩쓸리게 돼 있다. 중국은 규제가 워낙 심해서 콘텐츠 창작 능력이 아직은 우리보다 떨어진다. 그래서 10년을 본 것이다. 드라마나 영화를 보면 사극이나 판타지밖에 없다. 규제 때문이다. 그 규제가 풀리는 순간, 우리는 어쩔 수 없게 된다. 그래서 쌍방향 교류를 해야 된다는 거다. 그리고 공적인 기관에서 이를 맡아줘야 할 것이다.

쌍방향 문화교류행사 <Feel Korea> 및 세계영상물교류사업 <지구촌 영화 상영회>

지한파 유학생 육성·관리
콘텐츠도 결국 '사람'이 중심

앞서 콘텐츠 입장에서 교류를 논하였으나, 결국 콘텐츠를 소비하는 것은 사람이다. 한류의 문제를 '사람'의 관점으로 보았을 때 그 중심에 있는 것이 바로 '유학생'이다. 과거 국비를 지원받아 미국에 다녀온 유학생들이 친미화되어 네트워크를 만드는 것처럼, 지금 중국 유학을 가는 많은 학생들이 그 역할을 할 수 있다. 물론 아직까지 정부에서는 이에 대한 정확한 방향성도, 전략도 없지만 분명 고려해야 할 부분이다.

반대로 한국으로 오는 중국 유학생들에게도 집중해야 한다. 지금 중국인들은 한류가 좋아서 세종학당에서 한글을 배우고, 한국으로 유학을 오고, 한국 기업에 면접을 보러 온다. 중국 유학생들을 단지 학교의 재정을 풍요롭게 해주는 재원 정도로 생각하는 관점에서 벗어나, 그들을 지한파 유학생으로 만들기 위한 정부 차원의 노력이 지속적인 한류를 위하여 반드시 필요하다고 보았다.

심상민 _ 예전에 국비 유학생을 미국으로 다수 보냈듯이 중국으로도 좀 보내야 되는 것 아닌가 생각이 든다. 문화 콘텐츠 쪽으로 테마를 부여해서 보내면 좋을 것 같다.

유승호 _ 미국의 사례를 볼 필요가 있다. 미국 국무성의 특별 프로젝트가 있는데, 만 40세 이하의 유학생들을 친미파로 만드는 프로젝트가 그것이다. 비밀리에 하는 것이다. 프로그램에 참가하면 의회 구경도 할 수 있고 스타들도 만날 수 있다. 미 국무성의 네트워크를 내세워 미국 최고의 스타들을 만나게 해주고 UN도 구경시켜 주는 것이다. 이런 방법을 통해 그들을 미국 문화를 전파하는 주요 네트워크로 만드는 데 활용한다.

요즘 우리도 중국으로 유학을 많이 가는데, 사실 미국처럼 국가에서 프로젝트를 진행하지 않으면 민간에서는 할 수 있는 방법이 거의 없다. 그런 전략이 너무 부재하다. 국가에서 나서서 지원해야 한다.

서병기 _ 우리나라 유학 분야는 정말 대중문화계의 엄청난 수혜를 보고 있다. 경희대학교 실용음악과 대학원 쪽에는 아예 중국어 강좌가 있다. 중국 유학생들이 많기 때문에 수업을 중국어로 진행하고 있다.

심상민 _ 방송영상스쿨 같은 것도 엄청 많다.

서병기 _ OO예술종합학교라고, 한예종과 비슷한 학교 때문에 과다 경쟁이 생겼다. 학생 확보에 비상이 걸린 거다. 지원하는 학생 수가 점점 줄어들고 있는데, 이걸 채워주고 있는 게 중국 학생들이다. 중국 학생들을 사로잡기 위해 K-POP 음악을 보컬, 작곡, 댄스 장르로 세분화한 게 통한 것이다.

고정민 _ 세종학당은 전 세계에 설립되어 외국인들에게 한국어를 가르치고 있는데, 중국에도 많이 있다. 세종학당에 다니고픈 지원자들을 심사하러 해외에 나간 적이 몇 번 있다. 옛날에는 한국 기업에 취직하기 위해서 세종학당에서 한국어를 배웠다. 그런데 이제는 한류 때문에 한국 드라마를 보기 위해서 한국어를 배우러 온다. 중국에서 면접을 보면, 거의 다 한류 때문에 왔다고 한다. 정말 이들을 잘 관리해야 한다. 인도의 세종학당에도 간 적이 있었는데, 한국과 한국 드라마를 좋아하는 인도인들이 한국 드라마로 우리 언어를 배우는 게 참 좋아 보였다.

심상민 _ 얼마 전 통계를 보니 우리나라 대외 유학생 수가 미국보다 중국이 더 많았다. 미국이 항상 1등이었는데, 이번에는 중국으로 간 유학생 수가 미국보다 7만 명 가까이 더 많았다. 이제 중국에 대한 비용을 치를 때가 온 것이다.

지금 우리 학생들을 보면 중·고등학교 때부터 유학을 많이 떠난다. 성신여대에 들어오는 학생들 중에도 중국어를 거의 모국어처럼 하는 아이들이 많다. 이런 인력들이 꽤 많은데, 사실 그들에게는 확실한 방향성이나 테마가 없다. 중국어를 잘하면 취직이 잘되고, 중국이 미래의 대국이 될 테니 언젠가 도움이 될 거라는 심정으로 배우고 유학 가는 것이다.

중국과 관련해 정부가 할 수 있는 일은 굉장히 많다. 정부도 중국에 대해서, 우리가 어느 정도 수혜를 받았으니까 이번에 비용을 좀 치르겠다는 식으로 자세를 바꿔야 된다고 생각한다.

그러나 가장 중요한 것은 중국인 유학생이 반한 감정을 가지지 않게 하는 부분이다. 한류가 좋아 한국으로 유학을 왔는데 정작 한국 사람들이 중국인들을 인격적으로 무시한다면, 오히려 반한 인사들만 늘어날 것이다. 그리고 이러한 문제가 계속된다면 한류 역시 싫어질 수밖에 없을 터이다. 사회적으로 편협한 국가주의나 민족주의는 이제 내려놓고, 보다 소통적인 측면에서 중국인 유학생들을 바라봐야 할 때이다.

고정민 _ 엊그제 면접을 봤는데, 우리 대학원에 한국 사람은 30명이 지원을 했고, 중국인 지원자 수는 23명이었다. 그런데 중국 사람은 정원과 상관없이 무조건 뽑았다. 학교 입장에서는 이 아이들이 들어오면 무조건 돈이 되니까. 하지만 커뮤니케이션 때문에 수업 진행이 안 되는 거다. 이 아이들이 한국에 유학 오는 이유를 알아봤더니 영어를 배우기 위해서 온다고 했다. 중국에서 좋은 대학교를 가려면 영어를 잘해야 된다고 한다. 그래서 중국에서 영어를 못하는 애들이 한국에 오는 거다. 한국어도 제대로 못하고, 영어도 제대로 못하는 애들이 민족주의적 성향 하나는 굉장히 강하다.

한국에 온 유학생들에게 반한 감정을 가지게 하지 말라는 얘기를 하고 싶다. 중국인들을 무시하는 일부 한국인들 때문에 그들이 오히려 반한 인사가 되는 것이다. 이들이 중국에 돌아가서 한국 욕을 하는 것이다.

장병희 _ 커뮤니케이션이라는 것이 원래 상호주의다. 소통적인 측면에서 봐야 되는데 그동안 한쪽 측면만 봐왔기 때문에 앞으로는 기본적인 방향성 자체를 소통에 중점을 두어야 한다고 생각한다. 용어 같은 것도 이제는 조심해야 된다. 학교 같은 데에서도 수업시간에 '우리나라'라는 표현을 쓰지 않는다. 거기 학생의 반이 우리나라 사람이 아니기 때문에 그렇다. 나도 한국이라는 표현을 쓴다. 변화된 현상을 받아들여야 된다. 이제 편협한 국가주의는 포기해야 되지 않을까 하는 생각을 한다.

쌍방향 교류를 위한 정부 역할의 재조정

앞서 지속가능한 한류를 위한 방안에 대해 많은 담론이 오고 갔다. 산업적인 흐름으로는 한류의 탈국적화와 서브브랜드 개발과 관련하여, 한류의 창작에 관해서는 창작 모델의 도입과 콘텐츠의 강화, 그리고 사회적인 흐름으로는 쌍방향 교류와 지한파 유학생에 대하여 논의하였다.

이러한 방안들이 탁상공론으로 그치지 않기 위해서는 무엇보다 정부와 민간이 적극적으로 대처해야 한다는 데 의견이 모아졌다. 특히 정부의 역할이 매우 중요하다. 이번 한류의 위기가 그동안 정부가 한류 산업에 직접적으로 개입한 결과라는 점에서, 정부 역할의 축소에 대한 의견이 주를 이루었다. 토론자들은 정부가 직접적으로 나서기보다는 인프라 형성, 세제 지원 등 간접적인 지원이 중요하며, 부족한 곳이 있다면 부분적으로 협력하는 것이 가장 이상적인 역할이라는 데 동의하고 있다.

전형화 _ 지금 한류가 처한 어려움이 위기이자 기회가 될 수 있다고 생각한다. 중국에서 미국 엔터테인먼트 산업에 투자하는 지금의 모습이, 부동산 거품이 절정이던 일본의 1980년대와 상당히 비슷하다. 그런데 현재 미국의 문화 산업, 엔터테인먼트 산업은 너무 비싸기 때문에 상대적으로 굉장히 싼 가격의 IP라 생각되는, 엔터테인먼트 강국인 한국의 것을 사들이고 있는 거다. 더군다나 중국은 미국의 트럼프 체제로 인해 서로 마찰이 심해지게 되면, 그 탈출구로 한국을 택할 가능성이 있기에 그 수요는 더 늘어날 것이다.

한류라는 것은 결국 한국 연예인을 중심으로 하는 콘텐츠이다. 지금은 한국적인 것을 통칭해서 한류라고 하지만, 근본적인 것은 한국 연예인들을 중심으로 한 콘텐츠라는 점이다. 그것에 대한 지원과 정부의 정책 방향이 각각 달라야 하는데 같이 뭉뚱그리다 보니 어긋나는 부분들이 있다.

정명훈 _ 정부가 관여하지 않는 것이 나을 수도 있겠다는 생각이 든다. 지금 벌어지는 각종 행태는, 특히 문체부의 모든 정책이 국가의 산업 발전을 위한 것이 아니고 개인의 이익을 위해서 정렬된 것 같다. 그게 굉장히 안정적으로 정렬되어 있다. 이제 다음 정부의 역할에 대한 논의가 의미 있을 텐데, 과연 차기 정부가 제 역할에 대해 이야기하기가 상당히 조심스럽지 않을까 하는 생각이 든다.

채지영 _ 대외적인 것은 정부 역할이 필요하다. 특히 중국에서는 정부의 사이드 지원 없이 민간이 독자적으로 움직이기는 사실 힘들다. 중국은 그것을 원하고 있다. 종종 민간하고 얘기 안 하겠다는 식의 반응을 보일 때가 있는데 이는 정부 차원에서 논의하겠다는 것이기 때문에 어느 정도 정부의 역할은 있어야만 된다.

문화 산업 안에서는 비선실세의 국정농단 같은 이런 것을 비춰볼 때, 그리고 현장에 계신 분들의 말씀을 비춰볼 때, 시장을 움직이는 지원은 조금 지양하고 시장이 그냥 잘 스스로 성장하게 내버려두는 게 필요하다. 그 뒤에서 여러 가지 법규라든지 인프라 조성 같은 것에만 손을 대주었으면 하는 바람이 있다. 시장 안으로 직접 들어가서 관여하는 것만큼은 하지 않았으면 좋겠다는 생각이 든다.

심상민 _ 이번에 비싼 수업료를 냈으니까, 정부는 시장과 민간에 손대지 마라, 건들지 마라, 그렇게 정리를 하는 게 좋겠다.

이성춘 _ 정부의 사이드 지원에 관한 이야기인데, 정부가 직접 나서는 것보다 어떻게 보면 간접 지원이 훨씬 더 중요한 부분이라고 생각한다. 정부가 큰 방향만 잡아주고 뒤로 물러선 뒤, 실질적인 시장의 플레이어들이 최선의 포인트를 잡아가며 성장하는 것이 필요하다.

최근 국내 영화 시장에 변화가 일어나고 있다. 한때 엄청나게 모이던 많은 벤처 캐피탈 자금이, 지금은 투자할 데가 없으니까 프로젝트 펀드 형태로 100억, 200억 정도를 모아서 전부 영화 쪽으로 향하고 있다. 영화 제작에 펀드 형식으로 참여하게 되는 것이다. 중국으로 수출하는 콘텐츠 제작에 이러한 국내 펀드가 모일 수 있도록, 가령 세금을 완화해 주는 등의 정부 정책이 지원된다면 돈이 흘러가는 방향을 잡아줄 수 있을 것이다.

안석준 _ 정부의 역할은 직접적인 사업권이나 콘텐츠 제작 이런 쪽보다는, 뭔가 산업화가 될 수 있는 부분에서 정책이나 법적인 지원을 하는 것으로 한정되어야 한다. 아니면 채널과 제작사와의 관계, 협회와 저작권자의 관계 이런 부분에 대해서도 좀 더 명확한 정리를 해줘서 선순환 구조가 될 수 있었으면 하는 바람이 있다.

한편 지금까지 정부가 한류 산업의 발전을 위한 컨트롤타워로서 역할을 제대로 했는지에 대한 의문이 제기되었다. '부산국제영화제', 'G-Star' 등 한류 콘텐츠를 선보이고 교류할 수 있는 장이 풍부한데, 지자체들이 잘못된 정보를 조장하거나 정치적인 영향력으로 인해 서로를 갉아먹는 행태가 되었다는 얘기다. 그렇기 때문에 컨트롤타워보다는 한류 자원을 조정하는, 그리고 나침반이 되어 방향을 제시하는 도우미 역할이 더욱 맞을 것이라고 주장하였다.

심상민 _ 한국문화산업교류재단이 컨트롤타워 역할 말고 한류 자원을 조정하는 역할을 해야 된다고 본다. 우리나라에서 한류 미디어 콘텐츠 산업 쪽에 자원이 꽤 많다. 그런데 이것을 지자체에서 잘못된 정보를 조장하거나 정치적인 논리를 펴면서 서로 갉아먹는 형태의 갈등을 조장한다. 부산국제영화제 필름마켓에 중국 사람들이 왔는데 그냥 돌려보내야 했다. 굉장히 안타까운 일이다. 정부가 한류에 있어 컨트롤타워의 역할까지 해달라는 뜻이 아니라, 우리가 가진 많은 자원과 정보를 모아서 겹치지 않게끔 교통정리만 해달라는 것이다. 그런 정도의 역할을 재단에서 해야 한다고 생각한다. 해외 진출도 마찬가지고. 업계 입장에서 보면 일종의 한류 나침반 역할을 하는 것인데, 그것을 제대로 안 하면 서로 충돌을 일으키며 엉망이 될 것이다.

곽영진 _ 정부의 역할과 관련해서 다 같이 한번 짚어봤다.

이제 기존의 순혈주의 한류는 졸업할 때가 되었고, 앞으로는 융합이라는 하이브리드hybrid 한류의 방향으로 나가게 될 것이다. 하지만 융합, 융복합 얘기가 계속 나오다 보니 무슨 전시성 용어 같은 느낌이 드는 것도 사실이다.

정부 본연의 역할과 관련해서는, 지식재산권을 권리자와 구매자가 자유롭게 거래할 수 있는 온라인 거래소도 준비해 왔다. 문제는 권리자들이 그 거래소를 신뢰해야만 자료를 올려서 거래가 활성화될 텐데, 이미 그런 장을 펼쳐놓긴 했으나 생각대로 이뤄지지는 않고 있다.

앞선 내용을 종합하자면, 지금처럼 정부가 컨트롤타워나 기획을 관장하는 주관자의 역할보다는 조정자의 역할에 충실해 달라는 말씀으로 들었다. 제한된 자원을 가지고 프로그램을 동시에 중복해서 진행해 버리는 경우가 많은데, 그런 문제를 교통정리 해주는 게 정부의 역할이 되어야 하는 게 맞다. 민간에서 할 수 없는 인프라를 깔고 조정해서 경쟁력을 키우는 것이 정부의 기본 역할이 되어야 한다.

지난 정부까지 현장에서 일을 하면서 느낀 것이, 다들 너무 보이기 위한 사업들에 치중하는 것 같다. 내가 있을 때는 적어도 한류기획단 같은 말은 못 쓰게 했다. 쌍방향 교류, 문화 교류가 본질이 되어야 하는데, 그러면 언론에서 이를 받아 적기 어렵고 밋밋하니까 한류기획단이란 표현을 사용하자고 한 것이다. 하지만 절대로 그렇게 쓰면 안 된다고 주장했다. 상대가 적대적으로 느낄 것이 당연하니까. 그렇다면 차라리 한류문화진흥으로 가자고 해서 전 정부에서는 이렇게 표현했었다.

본연의 업무를 민간과 정부가 가져가서 자기 것에만 충실하게 임한다면 자연스럽게 둘이 연결되어서 꽃을 피울 수 있지 않을까 하는 생각이 든다.

임학순 _ 한류는 사실 문화에서 출발한 것인데 오히려 산업 분야에서 주도를 했다. 교류에 있어서 오히려 정부 측에서 한류의 문화적인 가치, 문화적인 측면에 조금 더 초점을 둔다면, 자본이든 인력이든 상품이든 교류와 협력이 얼마든지 가능할 것이라고 생각한다. 그런 측면에 초점을 맞춰 신경 써야 한다.

민간이 자생적으로 활동할 수 있는 기반 조성이 중요

건축물을 짓기 위해서는 가장 먼저 땅을 견고하게 다지는 작업이 필요한 것처럼, 정부도 기반을 다지는 일을 우선적으로 시행해야 한다. 이미 정부의 역할 축소와 간접적인 지원 등에 대해서 논한 만큼, 정부는 민간이 자생적으로 한류 산업을 이어갈 수 있도록 땅을 다지는 일을 해야 한다.

이는 크게 두 가지 측면으로 볼 수 있다. 먼저 콘텐츠 창작 측면에서 다양한 창작물이 발현될 수 있도록 창작 생태계를 조성하는 과업이다. 단순히 한 업체가 한 작가와 계약하여 콘텐츠 하나를 만들어내는 구조가 아니라, 창작자들이 어떤 환경에서 어떤 지원을 받아 어떻게 활용할지 그 총체적인 구조가 조성되어야 한다. 양질의 콘텐츠를 지속적으로 만들어낼 수 있느냐는 결국 이런 큰 그림에 달려 있다.

임학순 _ 정부는 다양한 창작물이 나올 수 있는 다양성의 생태계, 이러한 환경 조성을 위해 지원을 해야 한다. 문화라는 게 마음먹은 대로 되는 것도 아니고, 언제 어떻게 뜰지도 모르는 것이라 민간에서 선택과 집중을 해야 한다. 하지만 정부도 조금 다양한 방법, 다양한 시도, 다양한 것들이 나올 수 있는 창작 환경을 만들어주어야 한다. 국내 문화 산업에 대한 지원 정책을 펼 때 선도형 패러다임에서 다양성의 패러다임으로 가는 것이 좋겠다고 생각한다.

윤현보 _ 우리나라에서 창작을 펼칠 수 있는 인프라 구축이 정말 중요하다는 생각이 든다. 결국에는 IP가 어디서 만들어지고, 그 IP를 가지고 어떻게 다양하게 부가사업화 시키느냐가 업계에서 요즘 제일 중요한 이슈인 것 같다. 그 부분에 대해 다 같이 고민을 많이 하는데도 불구하고, 정부 차원의 여러 가지 지원 사업이라든가 인프라 산업은 상대적으로 부족하지 않았나 하는 생각이 든다.

단순히 한 업체가 한 작가와 계약하는 개념이 아니라, 정말 우리나라 창작 기반을 조성하는 일이 중요하다. 어떻게 보면 우리의 경쟁력은 창작 기반을 가진 IP라는 생각이 든다. 드라마가 될 수도 있고 예능이 될 수도 있고 영화가 될 수도 있고, 여러 가지 분야가 될 수 있다. 어떻게 양질의 IP를 계속 만들어내느냐 하는 것은 결국엔 창작자들이 어떤 환경에서 어떤 지원을 받느냐의 문제일 수 있다. 그런데 그것을 하나의 업체가 떠맡아서 작가나 회사와 계약하는 식으로 해결해서는 절대 안 될 것 같다. 다양한 분야에서, 정부 차원에서 여러 방향으로 지원 사업이 이루어졌을 때 우리나라의 콘텐츠 경쟁력이 계속 살아남지 않을까 하는 생각이 든다.

다른 하나는 산업적인 측면에서, 한류 콘텐츠와 타 산업 간에 맥락이 형성되도록 엔터테인먼트 지식재산권이 활발히 교류될 수 있는 장을 조성하는 일이다. 콘텐츠의 기획만큼이나 맥락 형성을 위한 장이 중요한 이유는, 이를 통해 여러 산업들과의 연계가 가능하며 상생할 수 있기 때문이다. 이에 한류 산업의 기획 단계에서부터 이러한 맥락을 형성할 수 있게끔 정부가 우선적으로 이끌어야 한다는 주장이 제기되었다.

전형화 _ 정부의 융복합 한류 산업에 대한 지원은 사실 전시성이거나 또는 부동산에 치중되어 있는 부분이 많았다. 현업에서 종사하는 분들은 세제 문제라든지 규제 완화라든지 이런 부분에 대해서 더욱더 많은 혜택과 지원을 받고 싶어 할 것이다. 결국 한류라는 한국 연예인과 관련된 콘텐츠와 여러 산업들과의 연계는 서로 맥락이 발생해야 가능한 법이다.

맥락을 발생시키기 위해서는 한국의 나름 상식이라고 할 수 있는 엔터테인먼트 지식재산권에 대한 전반적인 장을 만들어주는 것이 필요하다고 생각한다. 예컨대 영화 〈트랜스포머〉에 등장하는 자동차 중에서 좋은 편에 속한 자동차는 다 GM의 것이다. 그렇게 기획부터 이런 식으로 들어가야 된다. 하지만 지금 우리에게는 엔터테인먼트 지식재산권 시장이라고 형성되어 있는 것이 없어서, 예컨대 어떤 드라마를 만든다고 하면 각각 연락을 보내서 어떤 배우와 작가가 참여하는지 설명하고 다시 연락을 기다린다. 엔터테인먼트 지식재산권 시장이 만들어진다면 기획 단계부터 누가 참여하고, 어떻게 지원 받을 수 있는지 등을 파악할 수 있을 것이다.

부산국제영화제가 아시안 필름마켓을 지난해부터 시작했지만 아직 너무 미미하고 거기에 대한 정책적인 지원은 거의 전무하다. 이런 부분에 대해서 정부가 밀어주는 것이, 맥락이 발생하도록 이끌어주는 것이 정책적으로 지원해야 될 가장 중요하고 선제적인 사항이 아닌가 생각한다.

서병기 _ 대중문화에서 그런 맥락이 발생하지 않으면 좋아할 만한 기호 요인이 안 생기니까 그와 관련된 상품 또한 판매될 이유도 없을 것이다. 그런 점에서 볼 때 맥락 만들기가 점점 더 세련되어지고 있다고 보인다. 드라마 쪽에서 살펴보면 〈별에서 온 그대〉와 〈도깨비〉를 비교했을 때 맥락 발생이 점점 과학적으로 가는 듯한 느낌을 받는다. 조금 긍정적인 것은 중국 젊은 친구들이 이런 것을 좋아한다는 것이다. 그들에게 자국 문화보다는 한국 것이 더 세련돼 보인다고 생각하는 그런 면이 좀 있는 것 같다. 이런 점이 우리의 경쟁 요소라고 생각한다.

정부가 지금 해야 될 역할은 컨트롤타워는 아니다. 요즘 우리 국민들이 컨트롤타워 같은 단어를 싫어한다. 최순실 게이트가 터진 후 이뤄진 설문조사에서도 분명히 드러났듯이, 국민은 정부가 제대로 컨트롤타워 역할을 하는지에 대한 것보다는, 정부라는 공적인 기관에서 한류 지원 사업을 하는 데에 공정하게 역할을 하는지에 더 관심이 있다. 정부나 콘텐츠진흥원 같은 데서 이런 의견을 많이 참조해야 될 것 같다.

대중의 눈으로 본 한류 위기론
: 향후 한류 산업 발전을 위한 민관의 역할

○ 2016년 12월 12일~13일 한국문화산업교류재단은 여론조사 전문기관인 <리얼미터>와 함께 전국 만 15세 이상 59세 이하 국민 1,013명을 대상으로 여론조사를 실시

○ 민감한 안보 이슈와 최근의 각종 국정농단 의혹으로 한류 산업의 생태계가 위축되고 관련 정부사업이 축소될 것이라는 우려 속에서도, 국민들은 오히려 한류 산업 진흥을 위한 정부의 적극적인 정책추진을 적극 지지
- 설문조사 결과, '한류 산업 진흥을 위한 정부의 지원정책은 적극 추진하되, 투명성이 보장되어야 한다67.6%'는 입장이 주. 반면 현상유지12.5%나 대폭 축소8.7% 의견은 미미한 것으로 나타남
- 향후 한류진흥정책을 기획·운영함에 있어 투명성을 우선적으로 확보해, 실추된 한류 이미지와 국민의 신뢰를 조속히 회복해야 할 것임

○ 국민들이 제시한 향후 정부의 한류 정책 방향성은 그동안 한류로 통해 얻은 수혜를 한류 소비국에 다시 환원하는 '쌍방향 교류' 정책
- "문화교류 및 사회공헌활동 지원"31.6%이 가장 많은 지지를 받음. 그밖에 "인력 양성 및 창작 인프라 지원"22.4%, "해외 소비자 및 산업동향 조사 지원"18%, "해외시장 진출 및 법적 지원"12.8% 등이 뒤를 이음
- 한류 수혜 기업에 대해선 "보다 적극적이고 자발적으로 사회공헌 활동에 참여해야 한다"는 응답이 80%에 달하는 등 정부와 민간이 함께 한류의 선순환과 교류국과의 동반성장을 지향해야 한다는 인식 또한 상당한 것으로 나타남

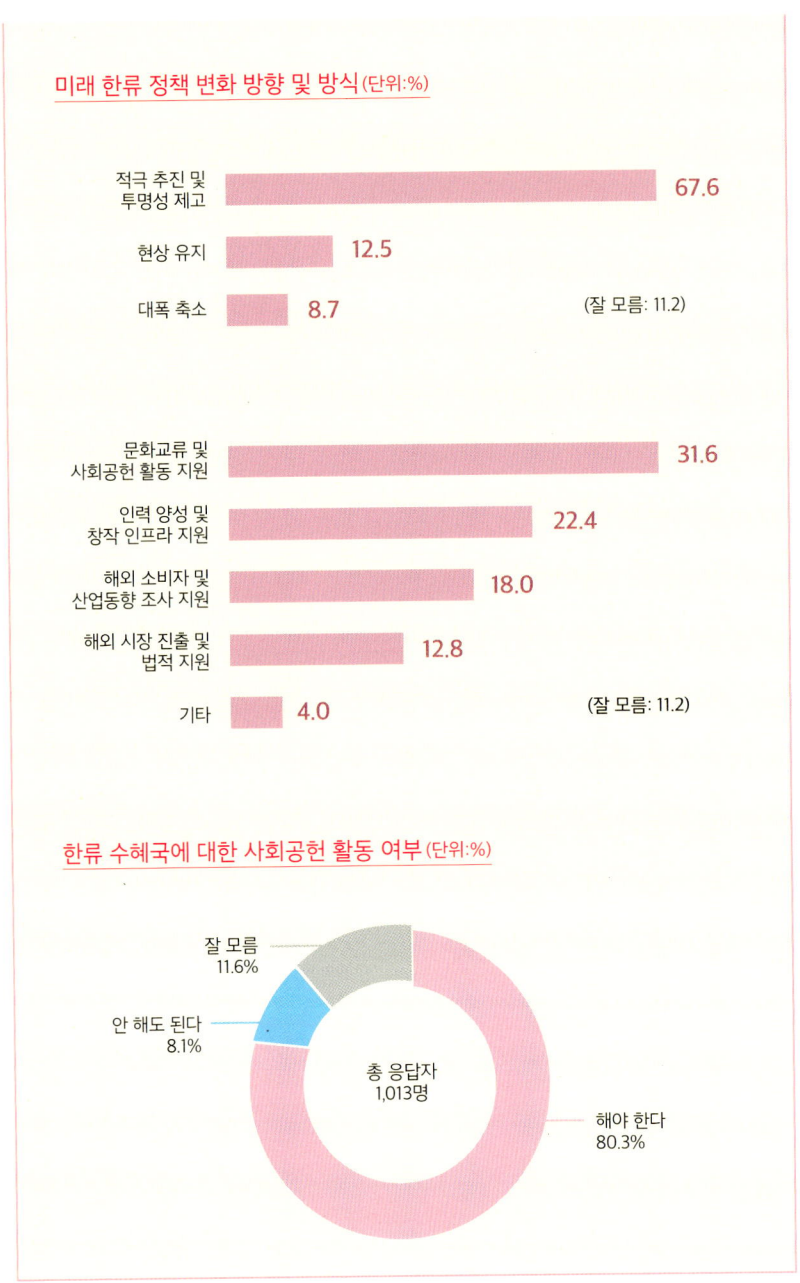

한류가 보다 시장주의적인 방향으로 흐른다면, 행정적인 측면에서 정부가 변화를 맞이해야 한다는 주장도 제기되었다. 그동안 문체부 소관이라 여겼던 '한류'가 비즈니스나 산업이라는 부분에 초점을 두게 되었다면, 입법이나 소관부서도 거기에 맞춰 달라져야 한다는 지적이다. 이후 문체부에서는 시장에서 자생하기 어려운 순수예술과 같은 분야를 진흥하는 것이 필요한데, 이러한 순수예술도 결국 추후에는 대중문화에서 응용하여 한류에 편승되기 때문이다.

김정수 _ 한류에는 문화적인 측면과 경제적인 측면이 동시에 섞여 있는 것이 사실인데, 처음부터 어차피 한류의 문화적인 국적은 한국이라고 드러나 있기에 더 어려웠다고 생각한다. 일반 대중들이나 언론에 소개할 때, 또 우리들이 그냥 느낄 때는 '한국 배우, 한국 가수, 한국 문화가 인기를 얻고 있으니 기분 좋네' 이런 정도였다. 앞으로는 경제적인 부분에 대해서 좀 더 신경을 써야 될 시기가 왔다. 그동안 한류와 관련된 것을 주로 문체부에서 주도했지만, 이제는 문화라는 데 방점을 두기보다는 비즈니스나 산업에 초점을 두고 정부 정책이나 입법도 거기에 맞춰서 나가야 되지 않을까 하는 생각이 든다.

대중문화 같은 경우는 사실 정부가 할 수 있는 것이 별로 없다고 생각한다. 그냥 놔두면, 마음대로 할 수 있도록 놔두면 된다고 생각한다. 제일 좋은 케이스가 가수 싸이와 박진영이다. 두 사람이 데뷔할 때를 기억하는 분들이 있을 것이다. 이상하게 생긴 사람들이 이상한 춤을 추고 이상한 노래를 부르고 그랬다. 옛날 유신정권 같았으면 생각도 못할 일인데 그냥 놔

됐더니, 어쨌든 지금 어마어마한 한류 스타가 된 것이다. 정부는 그런 부분은 그냥 놔두고 대신 시장에서 도저히 해결될 수 없는 부분들, 예컨대 순수 예술 쪽에 지원을 아끼지 말아야 한다. 이것이 결국은 응용돼서 드라마도 되고 영화도 되고 대중음악도 되고 이렇게 될 텐데, 그쪽에 더 초점을 맞추고 적극 지원하는 것이 정답이 아닐까 하는 생각이 든다.

그 외 정부 지원에 대한 미시적 접근
구체적인 정책믹스

정부의 정책적 방향과 같은 거시적인 차원에서의 논의 외에도, 한류 산업을 위해 필요한 정부의 지원에 대해 구체적이고 다양한 의견들이 제시되었다. 우선적으로 기업 지원 정책이다. 특히 세금과 비자 문제 그리고 소속 아티스트들의 군 문제이다. 사회적으로 민감한 사안들이라 드러내놓고 말할 수는 없지만 한류 연예인들과 기획사들이 가장 현실적으로 바라는 지원 정책일 것이다.

전형화 _ 한류 스타들이 정부에 가장 바라는 것은, 드러내놓고 말은 하지 못하지만 아마도 세금과 비자 문제 해결일 것이다. 한류와 관련한 행사나 사업을 위해 외국으로 나갈 때 가장 필요로 하는 것이 세금과 비자 문제일 텐데 민감한 사항이라 그들이 정부 당국에 대놓고 이야기하진 못한다.

정명훈 _ 세금 문제는 조금 전문적인 이야기다. 한국 기업들이 일본에서 돈을 많이 벌어오는데 외국납부세액공제 한도 때문에 세액공제를 못 받는다. 일본에 납부한 세금을 조세 조약에 의해서 환급받는데 그 금액이 굉장히 크다. 내 생각에는 업계 리더라고 할 수 있는 'SM' 같은 데서 나서면 좋을 것 같다. 왜냐하면 자기네들이 가장 큰 피해자니까.

또한 자막과 번역에 대한 정책 지원도 언급하였다. 한강의 『채식주의자』가 영국의 권위 있는 문학상인 '맨부커상'을 수상하게 된 이면에는 번역가의 역할이 컸다. 이처럼 양질의 콘텐츠를 해외에 알리기 위해서는 전문적인 번역 인력 양성에 대한 정책 지원이 필수적이다.

전형화 _ 한마디만 덧붙이자면, 정책 차원에서 자막 및 번역에 대한 정책 지원이 굉장히 필요하다고 생각한다. 한국 영화, 한국 드라마, 한국 소설, 이런 것들은 언어 문제 때문에 어려움이 있다. 때문에 해외에 널리 퍼질 수 있도록 번역과 자막에 대한 우수한 인력을 양성해야 되는데, 사실 민간에서 할 수 있는 방법에는 한계가 있다. 이 부분에 정부의 정책적인 지원이 들어간다면 당연히 많은 도움이 될 것 같다.

또 중국으로 가는 유학생에 대한 지원을 제안하였다. 한류 산업에는 연예인뿐만 아니라, 공부하는 사람도, 일하는 사람도 필요하다. 장기적인 관점 아래 한류를 바라본다면, 과거에 미국으로 국비유학생을 보냈던 것처럼 중국에서도 네트워크를 형성하고, 중국을 제대로 이해하며 일할 수 있는 인력을 키워야 한다.

정명훈 _ 지금은 서울대 법대 다니는 친구보다도 연예인 친구가 필요한 세상이다. 우리나라만 그런 것이 아니라 전 세계적인 추세이다. 하지만 사회에는 연예인만 필요한 것이 아니라 공부하는 사람들, 일을 할 수 있는 사람들이 필요하다. 바람이 있다면, 제발 10년 동안 중국에서 1,000명의 한국인 박사를 배출할 수 있도록 인재들을 선별해 정부 돈으로 유학을 보내줬으면 한다. 70년대에도 우리 정부 차원에서 유학 지원을 한 적이 있다. 그 당시 미국으로 국비유학을 떠났던 분들이 지금의 대한민국을 일으킨 것이다. 지금 준비하지 않으면 안 된다. 한국은 지금 아무것도 준비가 안 되어 있다. 정부는 대기업 총수들 불러놓고 재단을 만들겠다고 돈을 모으지 말고, 각 대기업들에게 그런 박사들을 배출할 수 있게 100명씩만 지원해 달라고 해야 한다. 그렇게 공부하고 온 학생들이 그 기업들의 비즈니스도 맡게 될 것이다.

시진핑은 칭화대를, 리커창은 베이징대를 나왔으니 중국 투자자 중에 그들과 동문들도 있을 것이다. 베이징대, 칭화대, 상하이교통대 등에 정부에서 나서서 1년에 100명씩만 석·박사 과정을 보낸 뒤, 그 사람들이 중국 곳곳에 취직해서 산업에 대한 이해를 충분히 습득한 후 5년 뒤 10년 뒤에 돌아와 더 큰일을 하게 해야 한다고 생각한다.

마지막으로 지속적인 조사와 분석에 대한 정부의 역할을 논하였다. 현재 수행한 각종 조사 및 지수, 경제적 가치 추론 등이 모두 정교하지 못하고 허술하다. 이에 부족하거나 정확하지 못한 정보들은 체계화할 필요가 있다.

임학순 _ 우리가 소비자 조사를 하기는 하지만 굉장히 형식적으로 한다. 중국에도 다양한 사람들이 존재하지만 그에 대한 심층적인 정보가 부족하다. 이런 정보 수집은 기업에서도 하기가 쉽지 않다. 때문에 중국 사회가 어떻게 흘러가는지, 중국인들의 소비문화라든가 패턴 같은 것을 조금 더 정교하게 조사해야 한다. 이 일을 정부에서 지원을 통해 해줬으면 좋겠다.

심상민 _ 실태조사 같은 경우는 재난에서도 경제 지수, 경제적 가치 등을 조사하고는 있는데 너무 허술하다. 중국 사회과학원 같은 곳과 우리가 합동으로 스터디를 해서 실태에 대한 정보를 정확하게 알았으면 좋겠다.

민간 차원에서는 급격한 시장 변화에 우선 적응해야 한다. 특히 지난 2016년은 전 세계적으로 폭풍이 몰아치는 한 해였다. 이러한 대외적인 상황에 대해 지금껏 어떤 준비를 하고 있었는지 반성하고, 앞으로 나타날 대외변수에 대한 준비를 철저히 해야 할 때다. 또한 무리한 전략을 사용하는 것보다는 자신의 역량에 맞는 방법으로 성공 스토리를 만들어내는 것이 중요하다.

정명훈 _ 대외적으로 브렉시트를 비롯해서 사드 배치 문제, 최근 트럼프 대통령 당선까지 급격한 변화가 진행되고 있다. 그런데 과연 문화 산업 내부에서 이런 변화에 대응해 착실하게 준비를 해왔는지에 대한 반성이 필요할 것 같다. 이렇게 간담회를 통해서 어떠한 마지막 결론을 짓기보다는, 향후 3년 내지 5년 동안 어떻게 이러한 상황들을 수습할 것인가에 대한 논의가 있어야 할 것 같다.

일본에서 이수만 회장이 가수 '보아'를 통해 멋진 성공을 거두었는데, 중국 시장에서는 우리가 어떤 전략적인 방법을 써서 진출에 성공할 것인가에 대한 고민이 있어야 한다. 예를 들면 보아처럼 현지화를 통해 키울 것인지, 지분 투자를 할 것인지, 회사를 만들어 중국 아이돌을 만들어낼 것인지 등등의 여러 방법을 두고 전략을 세워야 한다. 그래서 빠른 시간 안에 성공 스토리를 만들어야 한다.

체력이 되는 회사들은 그런 다양한 전술을 구사해야 되고, 체력이 안 되는 회사들은 하나를 선택해서 올인 하는 방법을 취하되 가능한 한 빨리 성공할 수 있는 스토리를 만들어내야 한다. 그것이 중국 시장에 대한 전략적인 진출 방법이 되어야 한다. 소위, 보아가 뚫은 길로 인해 후배들이 수혜를 입었듯이, 중국 시장에서도 성공 스토리가 나온다면 그 후에 한국의 기업들에게 전파되어 그 길을 쉽게 따를 수 있게 될 것이다.

KOFICE 간행물

■ 연구 보고서

- (연간) 대한민국 한류백서(2013~2016)
  - 대한민국 대표 종합한류정보서적, 한 해 동안의 국내외 한류 현황 및 이슈 정리

- (연간) 해외한류실태조사(2012~2016) / 2016-2017 글로벌한류실태조사(2017)
  - 전 세계 한류소비자 대상 주요 한류 콘텐츠 인기 현황 및 미래 소비심리 측정

- (연간) 한류의 경제적 효과(2014~)
  - 한류의 사회·경제적 효과에 대한 국내 유일의 정량적 지표 제공

- (월간) 글로벌 한류동향(2012~)
  - '월간 한류 이슈포커스', '통계로 보는 한류', '국내외 한류 동향 단신' 등 심층적인 한류 정보를 제공하는 월간 한류 문화산업 분석 보고서

■ 정기 간행물

- (분기) 한류나우(2012~)
  - 정부, 업계, 소비자 등 다각도에서 국내외 주요 한류이슈 심층 분석

- (월간) 웹진 한류 스토리(2013~)
  - 급변하는 글로벌 문화 트렌드에 대한 인사이트를 제공하는 문화산업전문웹진

■ 단행본

- 한류 메이커스(2017) : 요동치는 한류산업, 창의와 기술력으로 글로벌 트렌드를 창조해가는 문화 혁신가들의 고군분투기

- 2017 글로벌 한류 트렌드(2017) : 2016-2017 글로벌한류실태조사 기반, 2017년 새롭게 고민해야 할 오늘날의 한류 소개

- 포스트 한류 비욘드 아시아(2017) : 작은 흐름을 넘어서 일반적인 소비 현상으로 자리 잡은 한류, 아시아를 넘어 글로벌 시장 진출을 위한 지침서로 북미·유럽 9개국의 한류 스토리를 담은 한류 리소스 북

- 싸이, 그 이후의 한류(2016) : '싸이 신드롬'부터 '태양의 후예'까지 융합한류 시대를 관통하는 꽤 스마트한 한류트렌드 분석서

엮고 쓰다

기획·편집

김덕중
한양대학교 체육학 박사(스포츠 마케팅·미디어 전공)
現 한국문화산업교류재단 사무국장
前 한국벤처투자 상임감사, 대통령실 기획관리실/문화체육관광비서관실 행정관

남상현
성균관대학교 언론학 박사(미디어 경제·경영, 문화콘텐츠 마케팅 전공)
現 한국문화산업교류재단 조사연구팀 팀장

류설리
서강대학교 언론학 박사(디지털미디어·콘텐츠 전공)
現 한국문화산업교류재단 연구원

프로젝트 참여자

곽영진(좌장)
現 한국문화산업교류재단 이사장
前 문화체육관광부 제1차관, 2018평창동계올림픽 부위원장 겸 사무총장, 문화체육비서관, 문화체육관광부 기획조정실장, 종무실장, 문화산업국장, 예술국장

고정민
現 홍익대학교 문화예술경영대학원 교수, 한국창조산업연구소 소장
前 삼성경제연구소 서비스산업 팀장, 삼성영상사업단 팀장
주요 저서: 『한류와 경영』(2016), 『창조지구, 문화 생산의 전위』(2009) 등

김규찬
現 한국문화관광연구원 부연구위원

김윤지
現 한국수출입은행 해외경제연구소 연구위원(중소기업, 문화콘텐츠산업, 정책금융 담당)
주요 저서: 『박스오피스 경제학』(2016)

김정수
現 한양대학교 행정학과 교수
前 한국정책학회 편집위원장, 공공기관 경영평가위원, 문화체육관광부 자체평가위원

문효진
現 세명대학교 광고홍보학과 교수
前 한국문화산업교류재단 전문위원, 한류관광발전전략위원회 위원

배기형
現 KBS월드 PD(마케팅·콘텐츠 비즈니스 담당)
주요 저서: 『MCN』(2016), 『OTT 서비스의 이해』(2015), 『국제공동제작』(2015), 『다큐멘터리 피칭』(2015), 『텔레비전 콘텐츠 마켓과 글로벌 프로듀싱』(2012) 등

서병기
現 《헤럴드경제》 대중문화 선임기자, 한국음악산업학회 이사, 한국여가문화학회 이사

심상민
現 성신여자대학교 미디어커뮤니케이션학과 교수
前 언론진흥기금관리위원회 위원, 삼성경제연구소 수석연구원, 영화진흥위원회 부위원장

안석준
現 FNC애드컬쳐 대표
前 CJ E&M 음악부문 대표, CJ E&M 음악사업부문 본부장, 워너뮤직코리아 부사장

유승호
現 강원대학교 영상문화학과 교수, 카이스트 문화기술대학원 겸직교수
前 한국정보화진흥원, 한국콘텐츠진흥원, 한국문화관광연구원 재직
주요 저서: 『서열중독』(2015), 『코펜하겐에서 일주일을』(2013), 『당신은 소셜한가』(2012) 등

윤현보
現 KBS한류투자파트너스 부대표
前 시그널엔터테인먼트 부사장, SM 엔터테인먼트 팀장, HB 엔터테인먼트 본부장

이성춘
現 KT경제경영연구소 상무
前 한국방송개발원 연구원

임학순
現 가톨릭대학교 미디어기술콘텐츠학과 교수
前 한국문화정책개발원, 한국콘텐츠진흥원 재직
주요 저서: 『창의적 문화사회와 문화정책』(2003), 『문화예술교육사업과 파트너십』(2007),
『문화농촌, 창조농촌』(2015) 등

장병희
現 성균관대학교 신문방송학과 교수
한국언론학회 이사, 한국엔터테인먼트학회 이사
주요저서: 『영화 흥행 요인』(2015), 『미디어 경제학』(2015) 등

전형화
現 《머니투데이》 스타뉴스 영화팀장
前 스포츠투데이 기자, 2010년 영진위 아카데미 외국어영화상 한국후보작 선정 심사위원,
제2회 롯데엔터테인먼트 시나리오 공모전 심사위원

정명훈
現 FNC엔터테인먼트 부대표
前 KT뮤직 상무, BC카드 팀장

채지영
現 한국문화관광연구원 연구위원
前 도쿄대학 인문사회연구과 사회심리학 외국인연구원, 시즈오카현립대학 현대한국조선연구센터 객원연구원

홍석경
現 서울대학교 언론정보학과 교수
주요 저서 : 『세계화와 디지털 문화시대의 한류』(2013)

한국문화산업교류재단(KOFICE) www.kofice.or.kr

한국문화산업교류재단은 국가 간 문화산업 교류를 통해 각국 문화에 대한 이해를 도모하고, 상호협력 기반을 조성하고자 설립되었습니다. 재단에서는 한국문화산업의 교류활성화를 위해 <조사연구사업 및 국제학술대회 개최>, <쌍방향 문화교류행사>, <한류 융복합 협력 프로젝트>, <한류중장기 발전전략 수립> 등 다양한 문화교류 진흥 사업을 수행하고 있습니다.

한류 정치경제론
사드, 그 이후의 한류

초판 1쇄 인쇄 2017년 5월 17일
초판 1쇄 발행 2017년 5월 17일

발행인 곽영진
발행처 한국문화산업교류재단
주소 서울시 마포구 성암로 330 DMC첨단산업센터 A동 107호
전화 02-3153-1779
팩스 02-3153-1787
홈페이지 www.kofice.or.kr

총괄 김덕중
책임편집 남상현
디자인 및 인쇄 화인페이퍼

12,000원
979-11-85661-39-1 03300

이 책의 전부 또는 일부 내용을 재사용하시려면 반드시 출처를 밝혀주시길 바랍니다.
문의 조사연구팀 남상현(02-3153-1784, snamsang@kofice.or.kr)